プレゼンテーションのノウハウ・ドゥハウ

ＨＲインスティテュート 著／野口吉昭 編

PHP文庫

○ 本表紙図柄＝ロゼッタ・ストーン（大英博物館蔵）
○ 本表紙デザイン＋紋章＝上田晃郷

はじめに

　プレゼンテーションとは、「相手に自分の考えを理解していただき、その上で、納得していただいて、そして、行動していただくプロセス」までを言う。

　聴いていただく、理解していただく、納得していただくだけではなく、行動していただくまでが、プレゼンテーションの真の意味なのだ。

　政治家は、誰でもどこでもいつでもプレゼンテーションが重要な仕事である。では、どうだろうか？　日本の政治家で、「よし、あなたの言うことはちゃんと聴いた。そして、言っている意味がよくわかった。納得もした。そうくれば、当然、自分も行動をしよう！」と思う政治家が、何人いるだろうか？　具体的な名前があがるだろうか？

　かなり厳しいだろう。

　それは、なぜか？

　それは、政治家自身に真の存在感、内容のあるシナリオ力〜政策力、伝える能力が欠けているからにほかならない。

　マザー・テレサ氏、J・F・ケネディ大統領（当時）、キング牧師たちのプレゼンテーションはどうだろうか？　誰もが引きつけられる。誰もが魅了され

る。誰もが存在感を認め、誰もがシナリオに感動し、誰もが伝える力に圧倒される。誰もが行動しようとする。

そう、プレゼンテーションとは、単に「話がうまいだけではない！」。単に、「インパクトがあるだけではない！」のだ。

プレゼンテーションがうまい人々の多くは、相手の立場に立っていて、信念があり、わかりやすい言葉を使い、心が素直に表に出ている……そういう人々なのだ。

私たちＨＲインスティテュートでは、プレゼンテーションのスキルを大きく、
1）プレゼンス
2）シナリオ・スキル
3）デリバリー・スキル
の３つに分けている。

本書は、私たちが実施しているプレゼンテーション研修プログラムを意識した内容になっている。2000年に初版として出された『プレゼンテーションのノウハウ・ドゥハウ』の文庫版である。

この間、私たちは、数千人にもおよぶ方々にプレゼンテーション研修をさせていただいている。そのプログラム内容も、当初からはかなり変わってきている。

そこで、今回、変更ポイントを意識して、元本を大幅に修正・刷新した。できるだけ、「使える」「シンプルに」「効果が上がる」ことを意識して再構成したつもりだ。

 自分軸ではなく、相手軸に立った心のこもったプレゼンテーションが多くの人々の心を動かし、多くのビジネスが成功裡(り)になるように、是非とも実践的な本として本書を活用いただきたい。

 本書を仕上げるに際し、最も修正執筆の時間を割(さ)いたのは、私どもの副社長の稲増美佳子エグゼクティブ・コンサルタントである。

 彼女のプレゼンテーションの原点は、マザー・テレサ氏にある。是非ともこのマザーのエッセンスがちりばめられた新版を感じとっていただきたい。

 編集に多くの激励と時間を割いていただいたＰＨＰ研究所の中村悠志氏には、ここで感謝の意を述べさせていただきたい。文庫というコンパクトなテキストができたことは、多くの方々にとって、とても意味のあることであると確信している。そして、何よりも私たちは、「生かされている存在」であることを忘れてはいけない。プレゼンテーションとは、生かされている存在の証(あかし)だと思っているからだ。

　　　　　ＨＲインスティテュート　　代表　野口吉昭

プレゼンテーションの ノウハウ・ドゥハウ

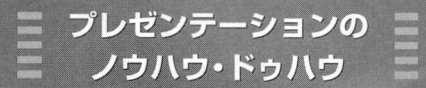

Contents

はじめに

第1章 イントロダクション
～3つのスキル

❶プレゼンテーションは、なぜ緊張するのか？……14
①プレゼンテーション、苦手ですか？ 14
②話し手・聴き手。主役はどっちだ？ 17
③プレゼンテーション要素（4P）で
　一番大切なこと 20
④構成（ストラクチャー）を意識するだけで違う 22

❷プレゼンテーションのうまい人・下手な人……26
①プレゼンテーション下手な日本人政治家 26
②うまいと下手、を分けるその違いは？ 30
③3つのスキル 32

❸3つの大切なスキルの紹介……35
①プレゼンテーションの定義 35
②プレゼンス～随時、自分を知ろう 40
③シナリオ・スキル～事前に、相手を知ろう 43
④デリバリー・スキル
　～その場で、状況を知ろう 46

スキル1：プレゼンス
～「人間力を高めたい！」のために

❶プレゼンスはごまかせない·············52
①生きざまが現れる 52
②人格とは、人間の格を表す 57

❷身体的なプレゼンス·············63
①存在感とは？ なぜ、目立つのか？ 63
②良いエネルギーと悪いエネルギー 67
③人相とはなんぞや。生き方が顔をつくる 71

❸精神的なプレゼンス·············75
①自分なりのポリシーや理念を持つ 75
②主体性がプレゼンスのメディアだ 78
③エネルギー（気） 80

❹プレゼンスは
シナリオ＆デリバリー・スキルの源·············83
①シナリオに自信があれば 83
②腹式呼吸の方法 85
③ビジョナリーな表情＆表現 91

スキル2：シナリオ・スキル
～「次を知りたい！」のために

❶ソリューション／コンセプト／ロジック……96
  ①一番大事なのは「相手軸」 96
  ②事実(FACT)と意見(OPINION) 98
  ③シナリオを描きだす前の５つのプロセス 103

❷まず、「わかりにくさ」をとる！～ロジック……108
  ①人は、人の話を聞かないものだ 108
  ②わかりにくくしている原因 112
  ③ナビゲートしてくれない 116

❸次に、４Ｗ１Ｈでシナリオを創る！
  ～コンセプト＆ソリューション……120
  ①４Ｗ１Ｈシナリオで全体を押さえる 120
  ② Part 1：WHY(問題提起) 127
  ③ Part 2：WHICH(ソリューション提示) 129
  ④ Part 3：HOW(推進プラン共有) 136

❹パワーポイントで魅せる
  ～次のスライドへの期待を高める……139
  ①１枚のスライドから何が見えるか 139
  ②見習うべきは、紙芝居のおじさん 146
  ③提案書のシナリオ・サンプル 147

第4章 スキル3：デリバリー・スキル
～「もっと聴きたい！」のために

❶目と耳から入ってくるメッセージ……160
①非言語要素が伝えること(見て伝わる)　160
②言語要素が伝えること(聴いて伝わる)　163

❷まず、聴き手が話に集中できない要素はとる
～マイナス面退治……168
①聴き手とのほどよい関係性＆距離感　168
②「不信・不安・不満」をぬぐう！　173

❸ビデオで自分を見るとよくわかる……177
①セルフ・コントロールの訓練　177
②この人、信頼できますか？　182

❹次に、「メリハリ＋言霊」でもう一歩上を目指す
～プラス面強化……187
①話す、ではなく、伝える→伝わる　187
②「間(ま)」と「溜(た)め」がつくれたら一人前　189
③声の振動＝バイブレーションが、場をつくる　190
④笑いの5つの効用　193

❺ファシリテート・スキルも活用……196
①双方向コミュニケーションにチャレンジ　196
②Q＆A対応でさらに信頼を深めよう　201
③場が沈滞したときのために　205

習慣化トレーニング
～次の会議から楽しんでスタート！

- ❶ 1分間「言葉のヒゲ退治」トレーニング ……………… 210
- ❷ 3つ3つ3つの思考トレーニング ……………………… 214
- ❸ 語り合い(愛)道場～ウェイ！スピーチ ………………… 217
- ❹ ベストプラクティス・スピーチ ………………………… 221
- ❺ パワー・スピーチ～名スピーチや詩の朗読 …………… 225
- ❻ ボイス＆フェイス＆マウス・トレーニング …………… 230

イントロダクション
～3つのスキル

 # プレゼンテーションは、なぜ緊張するのか?

① プレゼンテーション、苦手ですか?

質問です。
「大勢の人の前で、話をする機会は、持ちたくない」
5択です。
　A.「持ちたい」
　B.「持ってもいい」
　C.「できれば持ちたくない」
　D.「絶対持ちたくない」
　E.「わからない」

・・・・・・・・・・・・・・・・・・・・・・

　プレゼンテーションの研修でこの質問をすると、圧倒的にC.「できれば持ちたくない」に手があがる。
　日本人だから?
　いえいえ。これがどうやら万国共通。
　あのパブリック・スピーチ好き(に見える)アメリカ人ですら、「最も恐れを感じるもの」アンケートの第1位に、「人前でのスピーチ」がきたそうだ。
　なんと、「ゴキブリ」「クモ」や「密室」「高いところ」を押しのけて、の堂々トップなのだ。

積極的にＡ.「持ちたい」という人は珍しいかもしれない。
　しかし、Ａ.「持ちたい」に手があげられない人は、今後ビジネスの世界、いえ、もっといえば、この世で、かなりのチャンスを失ってしまう可能性がある。
　脅しているわけではない。
　ただ、心配しているのだ。
　きっと、**もったいない**。

　何らかの理由で、この本を手にとったあなたには、自信を持ってＡ.「持ちたい」と答えるようになっていただきたい。
　プレゼンテーションは、こわいものではない。
　苦手意識を持っている限りは、こわいし、避けたい。しかし、その苦手意識をとり除けば、こんなに自分を進化させ、人生を広げてくれるものはない。
　その可能性を、あきらめてしまうのはもったいない。
　どうやって？と思うでしょう。その一端をご紹介しよう。

　プレゼンテーションのトレーニングのはじめには、決まって受講生の自己紹介がある。
　前に来ていただき、ビデオにも撮る。

指名され、イヤイヤ前へ。緊張した表情。誰の目も見ていない。体が揺れている。声は聞きとりにくい。名前が聞こえない。すごい早口。そして、逃げるように壇上を立ち去る。あいさつもおじぎもナシだ。

　なぜ、こうなるのだろう？
　普通に会って、お話ししているときには、こんな人ではない。全員の自己紹介が終わり、「緊張した人は？」と聞くと、ほぼ全員手をあげる。
　＊**なぜ、緊張したとわかるのだろう**。いつもの自分
　　との違いは？
　＊**なぜ、緊張したのだろう**。いったい、何が真因？
　　何を恐れている？
　この質問に、答えられる人は少ない。
　だから、このトレーニングがある。
　この質問に答えられるよう、自分をモニターする。そうすれば、こわいものはない、ということがわかる。たいがい、勝手にいやなものを創り上げているだけだ。
　たとえば、他者からの悪い評価？　自分の情けない面を見ること？　失敗して恥をかくこと？　何を恐れ、何をいやがっているのか。それが明確になれば、もうこわくない。あとは、その得体の知れた対象と向き合って、克服していけばいい。

お化けが枯れすすきだとわかれば、もうこわくない。

踏み出しましょう。苦手意識を克服する一歩を。
この本のナビゲーターは、たった3時間で、明らかに進化したプレゼンテーターにするドゥハウを、日本全国でトレーニングとして展開している株式会社HRインスティテュート。
どうぞ、お任せください。

② 話し手・聴き手。主役はどっちだ？

あなたが、プレゼンテーションの時間をもらったとする。20分でも5分でも、構わない。社内会議、セミナー、訪問先……どんな場面であろうと、あなたにその時間が任されている。
このときに、自分が主役だと思うか。
それとも、主役は自分の目の前にいらっしゃる聴き手の皆さんか。
「自分が主役」と思うと、これは緊張する。みんな、自分を見ている。自分が皆さんに評価される、と思うと誰でも構えてしまう。このように、多くの人は、聴き手の方々が主役だとは思えず、自分がこの場面においての主役だ、と思いがちだ。

第1章◎イントロダクション　17

これを切り替えてみてはどうだろう。

　だいたい、5分であれ20分であれ、もっと価値あることに時間を使えるのに、あなたの話を聴くためにここにいる。その**皆さんの時間に対して、責任がある**。

　その時間を、「他のことをしたい」「時間のムダ」と思われることのないよう、「聴けて良かった！」と思っていただけるように、**時間と場の価値をあげるのが話し手の責任**だ。

　そして、話し手の目的は、ここにいる聴き手の皆さんに、自分が最も伝えたいメッセージを届けることだ。ここにいて、何のメリットがあるのか。価値はあるのか。目的は、話し手である自分への評価をあげることではない。

　そう、**メッセージを届けることだ**。

　そのことに意識を集中すれば、自分への皆さんの目線の意味も変わってくる。理解できているか、納得できているか、を教えてくださる貴重なコミュニケーションとしてのアイコンタクトに変わるのだ。

　決して、評価の視線ではない。

　自分だって、聴き手として座っているときに、発表者のことをいちいち評価しようとして見ているだろうか。そんなことはないはずだ。理解しているかいないか、興味があるかないか、を目線や表情や態度で、伝えているはずだ。

ぜひ、このように意識を転換させよう。

「うまくやらねば」というのは**内向きの意識**、自分がうまく話せることに意識が向いている。「プレゼンテーションはうまくできた。でも相手は反応してくれない」という現象は、この自意識からきている。これを**外向きの意識に転換**するのだ。「どうしたら相手に伝わるだろう」と考える。

自分が満足するプレゼンテーションが優れたプレゼンテーションではない。**相手に伝わり、相手に行動を起こさせる**プレゼンテーションが優れたプレゼンテーションだ。真剣に相手のことを考え続ければ、次第に自分は消える。

確かに、プレゼンテーションの場は、「自分が評価される場」である。が、それは主目的ではない。主目的は、いつも他にある。「新商品の説明」「企画提案書の説明」「ある案件の報告」「来年度の事業計画」……などが主目的なのだ。あなたを評価する場ではなく、「**あなたがプレゼンテーションしている内容の評価の場**」なのだ。だからこそ、その内容を届けるあなたには責任がある訳だ。自分を超えたプレゼンテーションが大切なのだ。

第1章◎イントロダクション

③ プレゼンテーション要素（4P）で一番大切なこと

プレゼンテーションで、必須の構成要素が4つある。

マーケティングの構成要素も4P（Product, Price, Place, Promotion）だが、同じように4つのPで考えてみよう。

プレゼンテーター（Presentater）＝話し手
ピープル（People）＝聴き手
プレイス（Place）＝会場・場所
パーパス（Purpose）＝目的

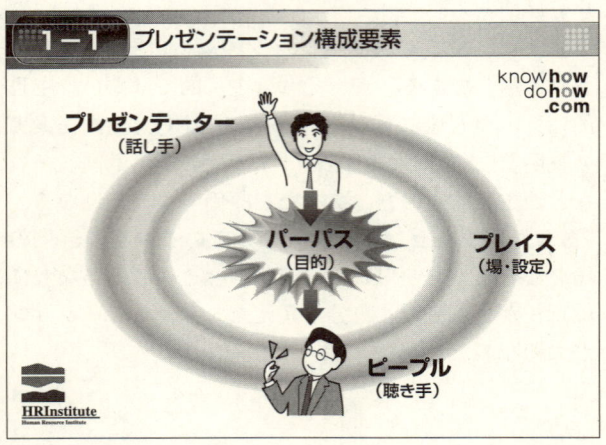

1-1 プレゼンテーション構成要素

もちろん、どの１つも欠けてはプレゼンテーションにならない。
　さて、このプレゼンテーションの４Ｐで一番大切なのは、何だろう。
　プレイスには、ネット上などのバーチャル（仮想）プレゼンテーションもありえる。大きな会場、小さな応接室、エレベーターの中もある。
　ピープルがいてくれなければ、プレゼンテーションにはならない。相手は一人〜多数となる。
　プレゼンターが大切なのは当然だ。
　これら３つのＰ、どれもとても大切だ。
　しかし、**一番大切なのは、パーパス（目的）**である。このことを、しっかり覚えておこう。
　話し手自身が、「このことを伝えたい！」という目的を強く持っていなければ、プレゼンテーションは成功しない。
　たとえ、聴き手が興味を持っていなくても、話し手は、少なくとも自分が聴き手の時間を奪っている以上、「この価値あること（目的）を、なんとか伝えたい！」という情熱で、伝えることをあきらめてはいけない。それが、プレゼンター（話し手）の責任なのだ。
　話し手が、「これを伝えたいんだ」という目的を見失っているプレゼンテーションは、どんなに語りのうま

い話し手でも、「で、結局何だったんだろう」となる。
　これでは、お互い時間のムダだ。
　常に、皆さんの時間をいただく以上、「いったい、何を伝えたいのか。どうなって、いただきたいのか」という目的を、自問自答しなければならない。しっかりと答えを持ってから、前に立たなければ、ピープル(聴き手)に対して、失礼である。

④ 構成(ストラクチャー)を意識するだけで違う

　先ほど、トレーニングのはじめに自己紹介してもらう、と書いたが、そのときは、自由に自己紹介してもらうのではない。
　実は、図１－２のような、フォーマットを見せて、ＰＣを目の前において、その画面を見ながら、ほぼアドリブで話していただく。
　だいたい、30秒か１分。こちらでタイマーを使い、所要時間を計っている。
　なぜ、このような自己紹介にするのか。
＊「自由に」というと、「話は苦手で……」という人に限って、話が長い。
＊同じフォーマットなので、長く話す人と、30秒や１分で切り上げられる人がわかる。
＊全体の長さ、一文の長さ、話の組み立てをそろえ

られる。

この中でも、一番皆さんに学んでいただきたいのは、「**話の組み立て＝構成**」だ。

このように、30秒で話せる短いスピーチでも、**総論・各論・結論**という3つのパートを意識して組み立てるだけで、話がわかりやすくなる。

総論で、聴いている方への「あなた誰？ 何話すの？」への答えをすぐに伝える。

次に、各論で「たとえば」とか「なぜなら」という具体的な内容を伝える。ここでの具体的な話で、共感を持ってもらえることが重要。

最後に、結論というか、「これから」のことについ

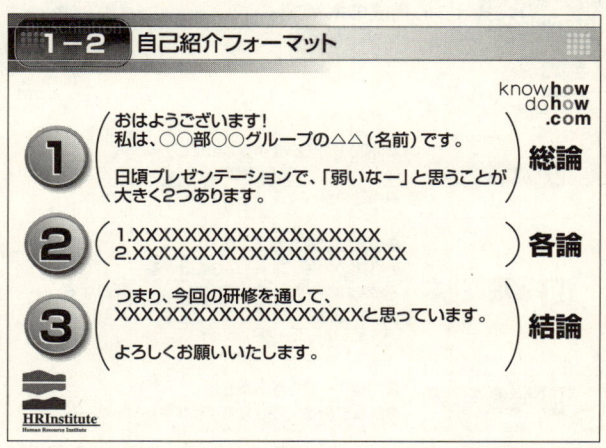

第1章◎イントロダクション　23

て、ポジティブな話でまとめる。

こうした、「総論・各論・結論」というビジネス・コミュニケーションの基本中の基本をしっかりと、はじめに実践していただく。そして、このあと研修中、自分が話をする際にも、常に、この**3つの構成**を意識していただくのだ。

プレゼンテーションの要素にロジカル・シンキングがあるが、その意味を自己紹介からインプットしてもらうことになる。

どんな話でも、「総論・各論・結論」の3つで組み立てられる。とても便利だ。この構成については、第3

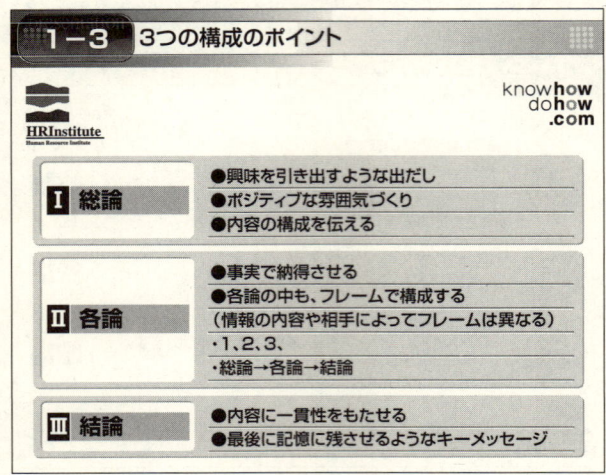

章でもまたくわしくご紹介する。

　自己紹介のあと、皆さんの緊張やあがり具合を確認すると、たいがい「ドキドキした」「汗ばんだ」「声がうわずった」などの声があがる。

　こうした、いつもの自分ではない状態の自分に、簡単になれるのだから、プレゼンテーションはおもしろい。つまり、プレゼンテーションは格好の**セルフ・コントロール**（自己制御）のトレーニングでもあるのだ。

　＊いかに、「平常心」を保てるか。
　＊どうやったら、「いつもの自分」でいられるのか。

　2日間みっちり、トレーニングをする。30秒、1分、3分のスピーチをペアやトリオやグループで繰り返し、どんどん場数を踏む。繰り返すたびに、自分がどういう要因で「平常心」を乱すのか、がよくわかるようになる。

　そして、こういう要因が苦手、ということが見えてくる。こうなれば、しめたもの。**とり組むべき課題**がわかる。自分は、こういう相手が苦手。こういうトピックが苦手。こういう場面が苦手。いろいろ、要因がわかるような組み立てで演習を実践していく。

　このように、強み弱みをしっかり把握することが、自分のプレゼンテーションを進化させるステップなのだ。

 **プレゼンテーションの
うまい人・下手な人**

① プレゼンテーション下手な日本人政治家

自己紹介のあと、トレーニングのはじめのうちに聞くことがある。

＊プレゼンテーションがうまい人は？

> ケネディ大統領、クリントン大統領、ブレア首相、ビル・ゲイツ氏、スティーブ・ジョブズ氏、キング牧師、アル・ゴア氏、小泉首相、孫正義氏、大前研一氏、櫻井よしこ氏、東国原英夫知事、北野武氏、タモリ氏、古舘伊知郎氏、明石家さんま氏、松本人志氏、島田紳助氏など

＊プレゼンテーションが下手な人は？

> 大平首相、鈴木首相、森首相、福田首相、朝青龍関、海老沢勝二NHK会長、野村沙知代氏、松田聖子氏、横山ノック知事など

（肩書きは当時）

意見が分かれて、両方に名前があがるのは、

> 久米宏氏、小宮悦子氏、長嶋茂雄氏、石原慎太郎知事、笑福亭鶴瓶氏など

である。

　次にまた質問する。では、プレゼンテーションのうまい人と下手な人の差は、何か？
　そこで、うまい人の特徴をまとめていくと、だいたい、皆同じようにまとまっていく。

> 1．相手の立場に立っていること
> 2．自分の理念・ポリシーが明確なこと
> 3．全体にロジカルでシナリオ性が通っていること
> 4．ウソがなく正直であること
> 5．わかりやすい言葉ではっきりしていること
> 6．情熱・エネルギーを感じること
> 7．身振り・手振りがあってリズミカルであること
> 8．ジョーク・洒落(しゃれ)がうまいこと
> 9．話題が豊富なこと
> 10．情報収集がしっかりしていること

といった内容になる。特に上位5位は、必ず出てく

るスキルだ。多くの人々が指摘する共通の項目だ。

　それにしても、いったい、日本の政治家は、何なんだろうか？　小泉首相以外の総理大臣は、ほとんどプレゼンテーションが下手ということになる。逆説的にいえば、プレゼンテーションがうまいと、日本では総理大臣にはなれないのだ。アメリカの大統領は、まったくの逆。ほとんどの大統領はプレゼンテーションがうまい。直接選挙と、間接選挙の差が、歴然と出る結果になっている。

　つまり、これらの結果によると、プレゼンテーションのとき、日本の首相の多くは、相手の立場に立っておらず、自分の理念・ポリシーが不明確で、全体にロジカルでシナリオ性が通っていることがなく、ウソが多く、正直でなく、わかりにくい言葉で不鮮明だということになる。

　いや、驚くほどあたっている。竹下首相は「言語明瞭・意味不明瞭」と評されたが、いったい、この国は、どうなっているんだと思われても仕方ない。世界No.2の経済大国といっても、世界に対するリーダーシップもない。しかも、世界 No.1の国債発行残高を誇っている。

　口先だけの派手なパフォーマンス政治家も困るが、一国のリーダーとして国民、他国への**説明責任をしっかりと果たせる**だけのプレゼンテーション力がないの

1-4 プレゼンテーションに必要な3つの能力

プレゼンテーションが上手い人の特徴

- 相手の立場に立っていること
- 自分の理念・ポリシーが明確なこと
- 全体にロジカルでシナリオ性が通っていること
- ウソがなく正直であること
- わかりやすい言葉ではっきりしていること
- 情熱・エネルギーを感じること
- 身振り・手振りがあってリズミカルであること
- ジョーク・洒落がうまいこと
- 話題が豊富なこと
- 情報収集がしっかりしていること

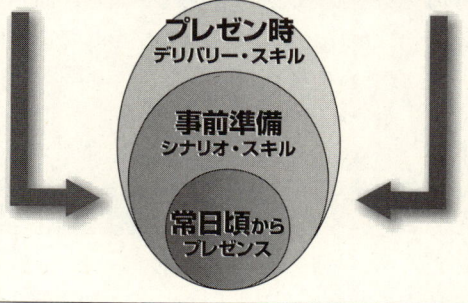

は情けないことである。プレゼンテーションは、パーパス（目的）が何よりも大切なのだから。

② うまいと下手、を分けるその違いは？

「学ぶ」とは、「真似る」からという。

つまり、学ぶためには、よく観察して、いいお手本を真似ることが大切。先ほど、プレゼンテーションがうまいということで名前のあがった人を、よく観察してほしい。もしも、同じ年かっこうの、「下手な人」と並べたら、いったい何が違うのか。その何が違うのか、を明確に言葉にできるようになったら、さらに進化だ。

ゴルフをやらない人は、誰のスイングを見ても、ある程度のスタイルでスイングしていたら、同じレベルに見える。しかし、少しでもゴルフをしたことのある人なら、「Aさんのほうが、Bさんより腰が回っている」とか、その違いがわかる。

これが、プロのレベルになると、アマチュアには見えない微細な違いが、見えてくる。まずは、「**違いに気がつく**」ということが、自分の技量を進化させるコツなのだ。

「うまい人の特徴は？」と聞かれて、抽象的な返事しかできない人は、人の育成が上手じゃない。いいコー

チには、なれない。もちろん、自分を進化させることも、難しい。なぜかというと、観察眼というか、鑑識眼がにぶいからだ。
「そうですねー。なんか、こう、人を引きつけるカリスマ性が、あるんですよね」
と答える人。これでは、上達しない。自分が真似できるくらい、具体的な行動レベルでものごとをとらえないと、ヒトゴトのままなのだ。
「そうですか。では、彼を見習って、たった今から"カリスマ性"のある話し方をしてください」と言われても、困るだろう。いったい、何を真似すればいいのか、わかっていないからだ。

"カリスマ性がある"というのは、受け手の印象だ。もしかしたら、話し手本人は、ドキドキしっぱなしの小心者かもしれない。しかし、"カリスマ性が**あるように見える**"のだ。

そこで、隣に"まったくカリスマ性のない"人を並べてみたら、いったい何が違うのかを、想像してもらう。姿勢のよさ、目線、声の大きさ、体の揺れ、などなど。いろいろ出てくるはずだ。人のことをよく見ると、自分のこともよく見えてくる。

自分のことだけは、なかなか客観的に見られない人が多い。だから、徹底的に人へのコメントを、互いに言い合ってもらう。そして、自分のビデオを見たとき

第1章◎イントロダクション

も、自分を客体化してコメントできるよう鍛える。ともかく、「あがる」という人は、自分への意識が過剰なのだ、と思ってみよう。

だから、平常心を失う。

自分を他人のように、見つめてみよう。

そして、自分の内側へ意識を向けるのはやめよう。そうではなく、聴いている目の前の聴き手のほうへ、自分の外側へ、意識を向けるようにしよう。

そもそも**「人は、人の話を聞かない」**ものだ。だからこそ、相手の立場に立って、相手が知りたいこと、考えたいこと、行動したいことを**自分が責任を持って**プレゼンテーションしなければならないのだ。

③ 3つのスキル

プレゼンテーションがうまい人というのは、常に相手の立場に立っていて、自分のポリシーを持ち、シナリオ性に長けており、正直で、わかりやすい言葉で語る人のことである。では、その人たちというのは、どのようなスキルが、優れているのだろうか？　そのスキルは大きく3つに分けることができる。

1 プレゼンス
　（全人格・ミッション・存在自体・エネルギー）

2 シナリオ・スキル

(コンセプト・ロジック・コンテンツ)
③デリバリー・スキル
(準備・発声・ジョーク・姿勢・ツール)

プレゼンスとは、存在自体。プレゼンテーションとは、哲学的に語れば、「存在の実存化」のこと。存在感であり、エネルギー・情熱・思い・スピリッツ・理念・ポリシー・ミッション・ビジョンの全人格の現れ。その人の「生きざま」が現れる要素だ。

シナリオ・スキルとは、相手を観察し、相手の立場で、より客観的に言いたいこと、語りたいこと、表現したいことなどを構造化し、伝えやすいように、伝わりやすいようにシナリオ化する能力・技術である。す

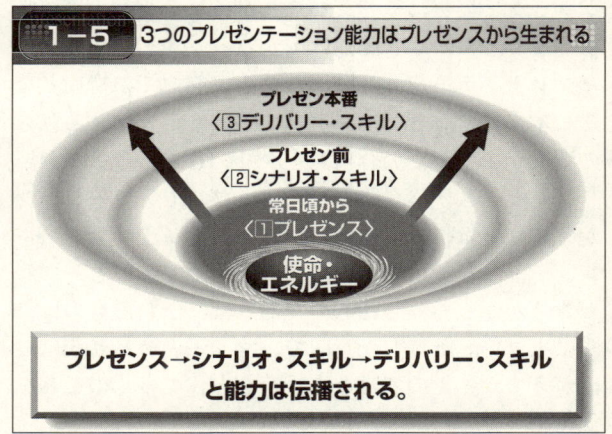

第1章◎イントロダクション　33

なわち情報収集&分析からのコンセプト、論理性というロジック、その特性が反映されたプレゼンテーションする内容自体＝コンテンツに分解できる。

デリバリー・スキルとは、伝える能力・技術。彼は、話し方がうまい——He has a good delivery. 彼女は、話し方が下手だ——She has a poor delivery. そう、宅配便のデリバリーだ。あなたの一番伝えたいメッセージを届けること。配達する・届ける・伝達する・伝える・意志の疎通を図ることだ。決して、一方的にしゃべる、こちらのペースのみ考えて話し込むことではない。**届けること、伝えること**がポイントなのだ。

プレゼンテーションの準備からはじまって、発声・ジョーク・姿勢、そしてパワーポイントなどのツール操作までと、かなり範囲は広がる。

プレゼンテーションは、この三大能力での構成となる。本当にプレゼンテーションがうまい人は、これらの要素が、だいたい合格点をクリアしているはずだ。

プレゼンスが不合格点の人は、プレゼンテーションがうまいとは、まず言えない。たとえシナリオ・スキル、デリバリー・スキルが少々不足していても、プレゼンスががっちりしたものであれば、伝わるものは、常に大きい。そうした意味で、マザー・テレサ氏は、話がうまかったのではなく、存在自体で多くのことを伝えていたのだ。

3つの大切なスキルの紹介

① プレゼンテーションの定義

ビジネスのシーンで、必要とされるプレゼンテーションの定義は、

> 「あなたに、**納得**していただき、
> わたしの考えに**同意**し、**決断**して
> **実行**に移していただくようにすること」

と、私たちは考える。

ビジネスにおいて、誰かの時間を奪うのであれば、単なる報告ではなく、できるだけ何か提言とするべきだ。常に、改善・進化するように、発言を意識してみよう。

この場合、アクションが4つある。それもすべて、**聴いている相手のアクション**だ。

プレゼンテーションとは、主役である相手に働きかけるわけなのだから、当然といえば当然だ。

まず、必要とされるのが、「納得と同意」。

そして、次に「決断と実行」。

聴いている方に、こうした心理的変化を持っていただくこと。持っていただければ、そのプレゼンテーションは、成功といえる。
　では、「納得と同意」に必要なスキルは、何だろう。
　それは、**シナリオ・スキル**だ。相手の立場に立って、相手の目線で、相手の言葉をふんだんに使って、「よく、わかってるなー」と、納得＆同意を引き出す。
　そして、「決断と実行」。これが、大変だ。相手にも責任が生じる。心で「いいね〜！」と納得＆同意しても、いざ実行となれば、これまでとの軋轢が予想できて、躊躇するものだ。
　そんな躊躇や不安をのり越えて、「決断と実行」へ踏み込んでいただくために重要なのが、**デリバリー・スキルとプレゼンス**だ。
　事前準備ばっちりで臨み、相手目線のシナリオを提示すれば、前段の「納得と同意」は得られるかもしれない。「いやー、よく調べましたねー。まったく、そうなんですよ」と、感心される。
　しかし、難しいのは、ここからだ。相手の心の中を、のぞいてみよう。
「なかなか、見事な資料だし、やりたい方向ではあるんだが……気になるのは、このプロジェクトの責任者……このプレゼンターか？　なんだか、自信がなさそうだったなぁ。大丈夫か？　正直、この人に任せ

るのは、いやだなー……」
　なんてことになったら、もったいない！
　たとえ、経験豊かなプロジェクト・マネジャーだとしても、プレゼンテーションが下手で、損をする可能性は十分にある。これでは、もったいない。プレゼンテーションが苦手なだけで、プロジェクト実施の力量はある……のかもしれない。しかし、それがまったく伝わらない。
　なぜなら、目は泳ぎまくり、体は小刻みにふるえている。声は聞きとりにくいし、語尾が不明瞭。滑舌は悪いし、なんだか内容が、よくわかっていないような印象だった。
　よく「自分は自信がないんだよな……」と軽々しく他人に言う人がいる。その発言には、何の意味も価値もない。
　そもそも「自信を持ってプレゼンテーションしたほうがうまくいくか？」「自信を持たないでプレゼンテーションしたほうがうまくいくか？」と聞けば、誰だって「そりゃ自信を持ってやったほうがうまくいく」と言う。だったらそうすればいいだけだ。
　シナリオは合格。
　しかし、プレゼンテーション担当者のデリバリーが問題。自信が感じられなかった。いわんや、プレゼンスはまったく感じられなかった！ということだ。

第1章◎イントロダクション

これでは、「この提案内容で、コンペ先の××氏に、担当してもらおうかな。あっちは、内容は時間不足でいまイチだったけど、あの××氏は、方向性さえクリアになれば、しっかりと推進してくれそうで、頼もしかったからな……」なんて、考えているかもしれない。

これで、競合他社に案件をとられようものなら、悔やまれるのは、デリバリー・スキル。いい資料ができ上がったことに満足して、ろくにリハーサルもやらなかったのではないか。体調も、決して万全ではなかったのではないか。

侮るなかれ、デリバリー・スキル。

相手に、決断して実行に移してもらうためには、「この人となら、大丈夫だ」と思ってもらえる情熱や志を、ビシバシ伝える必要があったのだ。

決して、パフォーマンスや口先だけのプレゼンターになってもらいたいわけではない。しかし、下手なのはいけない。それは、お客様に失礼だ。

貴重な時間をいただいているのだから、価値を高めて、一緒にやっていくことへのポジティブなムードを、つくってもらいたかった。つまり、プレゼンテーションを一定の合格ラインに、もっていく責任があったはずなのだ。

もう、言い訳は通用しない。「話下手で……」では、済まされない。「話下手」とわかっているなら、こうい

1-6 プレゼンテーションの構造体系

3つの必要能力			対象
プレゼンス	随時	自分を知る	身体的
			精神的
シナリオ・スキル	事前準備	相手を知る	シナリオ&ロジック
			プレゼン作成ソフト
デリバリー・スキル	プレゼン時	状況を知る	プレゼンテーター（ヒューマン）
			ハード&ソフト

第1章◎イントロダクション　39

うときのために、プレゼンテーション力を鍛えるべきだ。地道に、リハーサルすべきだ。もう、逃げてはいられない。

今後、自分の仕事や人生の大事な局面で、プレゼンテーションをする、という機会は増えるだろう。もし、増やさないで避け続けていたら、多くのチャンスを逸してしまう。

そのほうが、危険だ。数回、プレゼンテーションで恥をかくよりも、おそらくもっと危険な選択だ。小さな機会をどんどん活かして、**自分からプレゼンテーションの回数を増やす**。そうしていけば、必ず上達する。ただし、時間はかかるかもしれない。到達する前にトラウマになるかもしれない。

そうならないように、この本がある。では、これから、3つのスキルを理解し、次に実践しながら、自分のプレゼンテーションを進化させていこう。

② プレゼンス
〜随時、自分を知ろう

「愛の反対は憎しみではない、無関心だ」と冷静に、かつ厳しく、そして強く語るマザー・テレサ氏。イギリスの復興には、規制撤廃と人頭税が不可欠と国民に強く逞しく語るサッチャー首相。人類の大いなる欠陥としての人種差別と猛然と闘うキング牧師。「アメリ

カがあなたに何をするかではなく、あなたがアメリカに何ができるかだ！」と就任演説で語ったＪ・Ｆ・ケネディ大統領といった偉大なるプレゼンテーターたちを見ると、その**オーラ・エネルギー・迫力**に圧倒される。神がかっているとは、まさに彼ら彼女らのことをいうのだろう。

　私どもＨＲインスティテュートの企業理念を、
「**主体性を挽き出す**〜自分のため、人のため、人々のため、個人・チーム・組織の可能性を挽き出すことで、社会を変える。それらを支援することが、私たちのミッションです」

1-7　HRインスティテュートの理念とサービス・ブランド

主体性を挽き出す

自分のため、人のため、人々のため
個人・チーム・組織の可能性を
挽き出すことで、社会を変える
それらを支援することが、私たちのミッションです

knowhow
dohow
.com

HRInstitute
Human Resource Institute

第１章◎イントロダクション　41

としているのは、ミッション・ビジョン・エネルギーを意識しているからなのだ。

「挽き出す」と書き、「引き出す」としていないのは、手をかけ、時間をかけることを意味している。**主体性こそ、すべての原点**。プレゼンテーションも同様だと信じているのだ。大気とつながり、天とつながるときも、この主体性が、メディアになるのだ。主体性が、ミッションを感じ、理念を生み、未来のビジョンへとつながる。

プレゼンスは2つに分けられる。人相・オーラ(気)・顔・スタイル・体力・熱といった身体的側面と、主体性・情熱・愛・信念・使命・責任感・志・夢・希望といった精神的側面だ。心は、体に出る。顔に出る。人相だ。HRインスティテュートの採用基準に、なんと「人相」が入っている。しかもかなり重要な要素だ。その人の生きざま、性格、経験は、すべて人相に出ると考えているからだ。

1-8 プレゼンスとは

3つの必要能力		対象	必要能力の詳細
プレゼンス	随時 自分を知る	身体的	人相・気(オーラ)・身体的特徴・体力・存在感・熱 など
		精神的	アイデンティティ(主体性) ハート(情熱・愛・信念) ミッション(使命・責任) ビジョン(志・夢・希望)

自分をよく知ること、いいも悪いも自分の特徴として受けいれて、プラスの方向へ活かすように意識して毎日をすごす、そうすることで、前向きのオープンなプレゼンスが備わってくる。

③ シナリオ・スキル
　～事前に、相手を知ろう

　いい映画、いいドラマには、決まって、いい脚本家（シナリオライター）がついている。いいシナリオライターがいれば、原作が多少よくなくてもなんとかなる。が、いくらどんなに優れた原作でも、シナリオが悪ければ、その映画やドラマは、めちゃくちゃになる。シナリオとは、シーンの順序であり、シーンの台詞である。一つ一つの言葉とその言葉を積み上げた順番が、シナリオになる。つまり、シナリオには２つあるのだ。１シーンごとと、そのシーンの積み上げ方（順番）だ。

　そして、この両方とも備えているツールこそ、コンサルタント必須の「知」である「ロジック・ツリー」だ。課題の体系化などのときには、「課題ツリー」と言い、自社の技術分析のときには、「テクノロジー・ツリー」と言ったりする。仕事で使うプレゼンテーションのノウハウ・ドゥハウも立派なロジック・ツリーによる構成となる。

多くの日本人は、このツリーの発想が苦手だ。というのも、日本人は、あまり演繹法的発想をしないからだ。ツリーは、帰納法的発想であるボトムアップでつくることが、ないとは言いきれないが、演繹的発想としてのトップダウンによる三段論法で作成することが多い。上から下にブレークダウンさせる方法をとることが多い。

　ＱＣ (Quality Control:品質管理)、ＴＱＣ (Total Quality Control: 全社的品質管理) 活動の小集団活動は、どちらかというと帰納法的思考によるところが大きい。経験や現象を積み上げて発想する帰納法が、日本人には合っている。演繹法は、経験だけに頼らずロジック中心で落としていく発想なのだ。組織の調整であったり、改善であったりするときには、帰納法的な思考でも通用する。しかし、時代変革期・革新といったステージでは、明らかに演繹法的思考が役に立つ。演繹法的発想は個にロジックがあり、個のつながりにロジックがあり、個のつながりの流れにロジックがなければならない。

　そのためには、帰納法的思考での論理展開では弱い。時代が右肩上がりであったり、状態が順調なときであれば、それでもいいが、右肩下がり、八方塞がりのときには、帰納法的思考ではなく、**演繹法的思考であるロジック・ツリー的思考が不可欠**だ。しかも、ど

こを切っても、ロジックの塊(かたまり)が出てこなければならない。

そして、そのツリー全体を貫いているのが、コンセプトとなる。

コンセプトとは、概念ではない。**コンセプトとは、本質**であり、**差別的優位性**であり、**エッセンス**なのだ。そのコンセプトを出すためには、聴き手に関する多くの時間、多くの情報が、必要なのだ。エッセンスに辿(たど)り着くには、それなりの相手に関するデータ・情報・知識・時間が必要なのだ。時間を惜(お)しんではならない。相手を思うがゆえに集めるこれでもかというほどの情報が、知識が、積み上がったとき、自然とコンセプトはやってくる。コンセプトは、考えるのではない。コンセプトは、創るのではない。まるで降ってく

1-9 シナリオ・スキルとは

シナリオ・スキル	事前準備	相手を知る			
			シナリオ&ロジック	ソリューション	マーケティング知識、ベネフィット発想 など
				コンセプト	差別的優位性、エッセンシャル・コミュニケーション など
				ロジック	4W1H、Part1・2・3、戦略的思考、情報収集&分析力、ツリー化 など
			プレゼン作成ソフト	Power Point	提案書作成、表示効果、リハーサル など
				その他	Excel／Word連携、インターネット連携 など

第1章◎イントロダクション 45

るかのように創られるのだ。

　プレゼンテーションによく使われるソフトの筆頭はパワーポイントだ。
　シナリオを"見える化"する定番ソフトであるパワーポイントは、単なるツールではない。シナリオ性、ロジック性がより現れやすいソフトなのだ。だからといって、必要以上に色に凝ったり、写真を入れたりで、内容が薄っぺらなものになると、「外面ばっか気にして……」となる。気をつけよう。
　パワーポイントをどう使うかの前に、パワーポイントで何を誰にどう伝えるかの目的を意識した構成力（シナリオ力）が何よりも重要である。
　大切なのは、ロジックに満ちた、シナリオ性に富んだコンテンツなのだ。相手の立場に立った、コンセプトが明確な、シナリオがわかりやすい内容が求められるのだ。資料ではない。結論だ。実行だ。

④ デリバリー・スキル　〜その場で、状況を知ろう

　プレゼンスは、簡単に進歩しない。長い年月の積み重ねだ。時間の芸術なのだ。シナリオ、ロジック、コンテンツは、プレゼンスほどではないが、一定の時間で済む。準備の賜物なのだ。そして、この３つ目のス

キルであるデリバリー・スキルは、プレゼンテーションの場そのものだ。だから、この部分を、即席的になんとかしようと思えば、そこそこの効果は出る。

シナリオを届けるスキルがデリバリー・スキル。このデリバリー・スキルは、本番でのやり方によって、全然違うものになる。いろいろなプレゼンテーション・スキルの本で語られているのも、このスキルがほとんどだ。それだけ、ここをなんとかするとなんとかなるということだ。

しかし、本書では、あえていう。デリバリー・スキルだけでは、これからは、ダメだ。上っ面のスキルのみではなく、プレゼンスにまで昇華しないと、人は感動しない。とはいっても、せっかく中身がいいのに表現力がなくて、失敗してもらっても困る。デリバリー・スキルをなおざりにはできない。

デリバリー・スキルは、プレゼンターのヒューマン（人）のスキルに関することと、パソコン・パワーポイント・液晶プロジェクター・スクリーン・ポインタなどのハード（ツール）の部分に分けられる。

ヒューマンに関わるデリバリー・スキルには、心理学・呼吸法・声楽・気功・ヨガ・落語・お笑い・ジョークなどといった幅広いスキル・カテゴリーがある。当然、背景には、全人格としてのプレゼンスが、底流にある。

第1章◎イントロダクション　47

心理学は、多くのビジネス・シーンで役に立っている。昔は、管理のカテゴリーが中心的だったが、現在は人と関わるあらゆる分野で活用されている。相手の立場に立った営業スタイルであるロジカル・セリング・プロセス。人材評価でのヒューマン・アセスメント。行動心理学的アプローチでのコンピテンシー。管理ではなく導く意味でのコーチング。職場での悩み相談などのカウンセリングと幅広い。

　プレゼンテーションにおいても当然、心理学的アプローチは不可欠だ。精神的・肉体的な人間との距離測定、さまざまな人間関係、集団心理、行動心理、言動による煽動、色彩心理、視覚心理、音空間心理、人間の発達プロセスなどは、すべて心理学の領域だからだ。プレゼンテーションを学問としてとらえたとき、

1-10 デリバリー・スキルとは

デリバリー・スキル	プレゼン時	状況を知る			
			プレゼンテーター（ヒューマン）	視覚面	態度・表情・ジェスチャー・動作・仕草・服装・顔色・目つき・アイコンタクト・メーク など
				聴覚面	声のトーン・イントネーション・大きさ・明瞭さ・語彙・言葉遣い・間・呼吸・ピッチ など
			ハード＆ソフト	ツール扱い	PC&プロジェクター&スクリーンなど（ハード）スライドショー&OHPなどの見せ方（ソフト）
				その他	会場の設定・配置・照明・時間配分 など

この心理学がかなり近い。心理学部プレゼンテーション学科という専門領域があってもよいくらいだ。

また、心理学の延長とも言える笑い・ユーモア・ジョークなども、プレゼンテーションには欠かせない。「人は、人の話を聞かない」と前述したが、この笑いがあれば、かなり様子が違ってくる。なにしろ、人は、お金を払って笑いに行くのだから。

第1章の最後に、プレゼンテーションの上達、ひいてはセルフ・コントロールで一番大切なことは何か？と聞かれたら、何と答えるか……それは「呼吸」である。呼吸とは生きる原点であり、エネルギーの原点だから。そして、今すぐ、意識できることでもある。特に、「腹式呼吸の実践」が、全体を通したトレーニングのスタートだろう。

そして、呼吸をコントロールすると、**「言葉のヒゲ」**をとるトレーニングに、すぐに効果が現れる。「言葉のヒゲ」とは、えー、あのー、うー、おー、そのー、まあ、など間があきそうなときに、ついついつなぎに出してしまう意味のない言葉のこと。この「ヒゲ」をとるために、一文を短くして、腹式呼吸での息づかいを意識する。一文ごとに鼻からしっかりとおなかに呼気をためることで、文にリズムができる。短い一文で余計な言葉を省く。一文章、ある一人の人とアイコンタ

クトする。これを守るだけで、デリバリーの印象が、まったく別人になる。

　デリバリー・スキルは、準備のレベルによってかなりカバーできる。準備なきプレゼンテーションに成功なし。準備を万全にして本番に臨んでいただきたい。そして、本番になったら、「自分こそカリスマなり」という自信を持って、プレゼンテーションしていただきたい。

　プレゼンテーションは心の表れである。

　第5章に演習として紹介しているので、早速試してみてはどうか。

　それでは、いよいよプレゼンス、シナリオ・スキル、デリバリー・スキルのそれぞれを深めていこう。

第2章

スキル1：
プレゼンス
~「人間力を高めたい！」のために

1 プレゼンスはごまかせない

① 生きざまが現れる

　まずは、プレゼンスについてだ。
　実は、プレゼンスには、「スキル」という言葉は合わない。プレゼンテーションがうまい人に共通する「大切な要素」という意味で解釈していただきたい。

「あの人にはオーラがある」
「この前、新幹線で有名人の××を見たけど、かっこよくてオーラがあった」
「華のある人」
「エネルギーのある人」
「あの人が来ると、お店の雰囲気が一変する」

　という表現が示すのは、プレゼンスと重なる意味合いだ。普通、「プレゼンスのある人ですね」と言われれば、悪い気はしないのではないか。存在感、影響力、品格、その人らしさ。こうしたものを持っている状態であり、単に目立つ、とは違う。目立たなくても、ひっそりと凛（りん）としたプレゼンスを感じさせる人はいる。
　また、見た目ではなんとも感じないが、ひとたび話

し出すとプレゼンスのある人もいる。プレゼンスのある声、プレゼンスのある瞳(ひとみ)、プレゼンスのある服、プレゼンスのある歩き方。見た目といっても、単なる外見だけではなく、立ち居振る舞いが含まれる。

　何か、そちらを見たくなる。

　そういう存在(プレゼンス)を、感じさせるということだ。だから、プレゼンスは一朝一夕(いっちょういっせき)には、身につかないのだ。本来は、その人の生き方・生きざま・日常生活自体が、問われるのだ。

　あんな小さなしわくちゃのおばあちゃんが……、なぜあんなに大きく輝いて見えるのか。ハーバード大学講演、国連会議、そしてノーベル平和賞授賞式。機会をつくって、マザー・テレサ氏のビデオを見てほしい。プレゼンスのある偉大な人の、スピーチビデオを見ると、プレゼンスの意味がよくわかるはずだ。

　マザー・テレサ氏がメディアによってとり上げられたのは、ＢＢＣのインタビューがはじめだ。そのインタビューを担当し、その後もマザーを追い続けたジャーナリストのマルコム・マゲッリッジ氏は、このときのインタビュー放映をこう回想している。「このアルバニア系のシスター、明らかにカメラの前で神経質になって、ときおり口ごもってしまう著名でもないシスターの声が、日曜日の夜の英国の視聴者に届いて、か

2-1 マザー・テレサ氏のプレゼンテーション分析

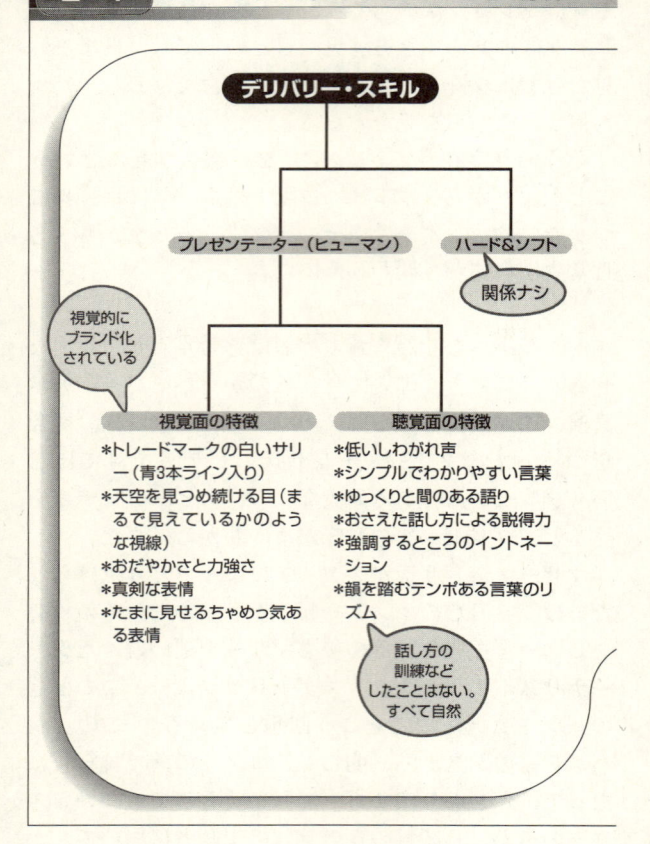

```
            デリバリー・スキル
                  │
        ┌─────────┴─────────┐
        │                   │
  プレゼンテーター（ヒューマン）   ハード＆ソフト
                                │
                            関係ナシ
```

（視覚的にブランド化されている）

視覚面の特徴
- トレードマークの白いサリー（青3本ライン入り）
- 天空を見つめ続ける目（まるで見えているかのような視線）
- おだやかさと力強さ
- 真剣な表情
- たまに見せるちゃめっ気ある表情

聴覚面の特徴
- 低いしわがれ声
- シンプルでわかりやすい言葉
- ゆっくりと間のある語り
- おさえた話し方による説得力
- 強調するところのイントネーション
- 韻を踏むテンポある言葉のリズム

（話し方の訓練などしたことはない。すべて自然）

```
                    ┌─────────────────┐
                    │ シナリオ・スキル │
                    └────────┬────────┘
                       ┌─────┴─────┐
         シナリオ＆ロジックの特徴   プレゼン作成ソフト
         *訴求メッセージが明確
         *経験からの実話              ┌──────────┐
          が豊富                      │ 関係ナシ │
         *聴き手の期                  └──────────┘
          待は眼中
          にない          ┌──────────┐
         *祈りを取        │ プレゼンス │
          り入れる        └─────┬────┘
         *わかり       ┌────────┴────────┐
          やすい     身体的特徴      精神的特徴
         *一貫性    *小柄なおばあち   *ミッションの
         *ユーモア    ゃん              かたまり
                    *魂そのものからの *ハート(愛)の
                     語りかけのエネ    かたまり
       ┌──────────┐   ルギー
       │マザーは   │ *オーラ(気)
       │原稿を用意 │              ┌──────────┐
       │したことは一│              │ともかく   │
       │度もない。常に│             │ここがスゴイ！│
       │アドリブ、 │              │このかたまり │
       │しかしよどみなく│           └──────────┘
       └──────────┘
```

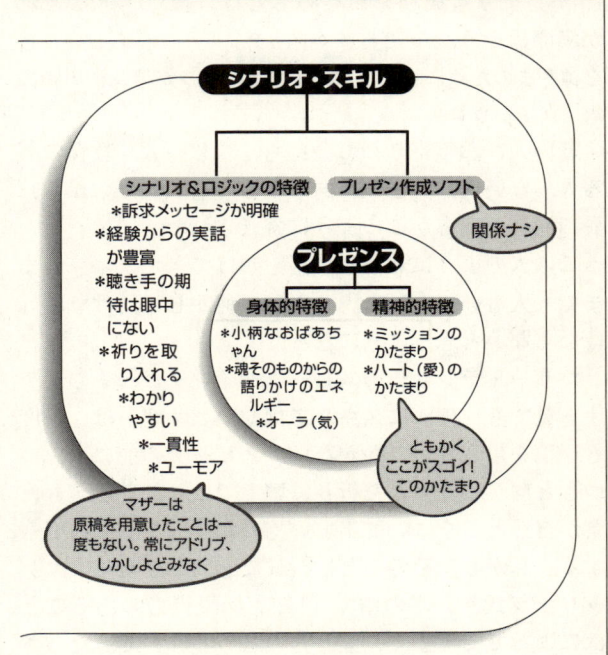

**「マザーはライブに限る」と言われるゆえんは、
存在そのものからあふれ出るエネルギー。**

えって専門にキリスト教のために弁明する人とか、(中略) よりも成功をおさめるとは、驚くべきことだが実際はそうだった」(『マザーテレサ　すばらしいことを神さまのために』マルコム・マゲッリッジ著、沢田和夫訳、女子パウロ会)。

　若い人、お年寄り、お金持ち、貧しい人、教育のある人・ない人、つまり、あらゆる境遇の人たちから、異口同音の反応がこのように寄せられた。
「この人のようにわたしに話しかけてきた人は、いままで一人もいなかった。わたしも何かして助けなければならないと思うようになった」

　マザー・テレサ氏のスピーチやインタビューのビデオを見ても、**確かにスキルではない**。マザーは、一度も原稿を用意したことがない。スピーチの前には、いつもと同じようにただ祈り、壇上では、伝えるべき言葉が自然と口をついて出ていくのだ。同じ話を何度もする。しかし、そのつど、新鮮で感動を与える。マゲッリッジ氏が、本の中で「『知恵の説得力のあることばによってではなく、霊と力のあらわれ』でもたらされるメッセージ」と書いているが、まさにそうなのだ。

　シナリオ・スキルもデリバリー・スキルも、マザーにおいてはどこかへ吹っ飛ぶ。

　やはり、**プレゼンスが最もパワフルだ**。ぜひ、ケネ

ディ大統領やキング牧師など、ミッションに動かされた人たちのスピーチを見たり聞いたりしてほしい。近年では、スタンフォード大学卒業式のスティーブ・ジョブズ氏のスピーチや、『不都合な真実』がドキュメンタリー・フィルムになっているエコ伝道師のアル・ゴア氏。何が大切なのかが、それぞれの心に伝わる。生きることは、ミッションを伝えること。それは、決して言葉だけではなく、その人の日常生活、生き方、一挙手一投足すべてから伝わるものだ。

② 人格とは、人間の格を表す

「あの人が言うから、信じられる」

と、仲間から言ってもらえる人になりたい。また、周りにそういう人がたくさんいてほしい。たとえ根拠がなくても、「あの人なら」と信じてもらうためには、**信頼・誠実・自分のブランド力**が必要だ。

これは、日々の言動の積み重ねだ。一貫性と継続性。1回でも、その期待を裏切ると、人は疑いだす。一度崩れた信頼を、万全なものにとり戻すのは、本当に時間がかかる。ちょっとしたツメの甘さで、苦労している人も多いのではないか。

一方、こんな人もいる。

アジテート（煽動）は得意だが、あとは責任逃れ。

いくら熱く語っても、自分では何もしようとしていない。正論を言っているけど、それであなたは？

ビジョナリー・リーダーの中には、ビジョンは描けるが、実現・実行が弱い人もいる。本物のリーダーなら、成し遂げるまでコツコツ地道に動かし続けて、成功・実現させなくてはいけない。

現実は、かけ声だらけのプロジェクトや推進プランが、ごろごろしているはずだ。自分で自分が信じられないようでは、ましてや、自分がわからないようでは、周りに信頼してもらえなくても仕方ない。

プレゼンスのある人間とは、決してでしゃばりや目立ちたがり屋のことを意味しているのではない。ただいるだけでリーダーの風格のある存在だ。周りの人たちを落ち着かせる力のある頼れる存在だ。まずは、自分のことをよく知ること。隠している自分はオープンにして、人からの忠告はありがたく受け止める。**裏表のない自分をつくり上げていく**。そのためには、自分の裏表をしっかりと把握しておく必要があるので、自己診断にいくつかトライしてみよう。

自己診断だけでなく、同じ設問を使って、家族や同僚などから評価を受けると、そのギャップに驚くかもしれない（決してここで、キレないように）。それから、オフィスや自宅にいるとき、たまに自分の声をレコーダーで録音してみるとおもしろい。自分の声が、こん

2-2 自己診断ツール紹介

◆エゴグラム
(ジョーン・M・デュセイ博士)

交流分析(エリック・バーン博士)からの流れで1960年代に生まれる。

交流分析(TA)

1. 自我構造分析
2. やりとり(交流)の分析
3. ゲーム分析
4. シナリオ分析

5つの自我

1.父	キビシイおやじ	親の心
2.母	やさしいおふくろ	
3.大人	分別ある人格	大人の心
4.やんちゃな子	個性的な子	子供の心
5.いい子	優等生の子	

出典:『図解 エゴグラムが見る見るわかる』(伊藤友八郎監修、サンマーク出版)

◆エニアグラム
(起源は謎、4500年以上前)

イエズス会が霊的カウンセリングに活用し発展。

1. リフォーマー(改革する人)
2. ヘルパー(人を助ける人)
3. モチベーター(動機づける人)
4. アーチスト(芸術家タイプ)
5. シンカー(考える人)
6. ロイヤリスト(忠実な人)
7. ジェネラリスト(万能選手)
8. リーダー(統率者)
9. ピースメーカー(調和主義)

出典:『性格タイプの見分け方』
(ドン・リチャード・リソ著、春秋社)

自己診断は言い訳探しに使ってはダメ!
「だからどうする!」というアクションへつなげること。

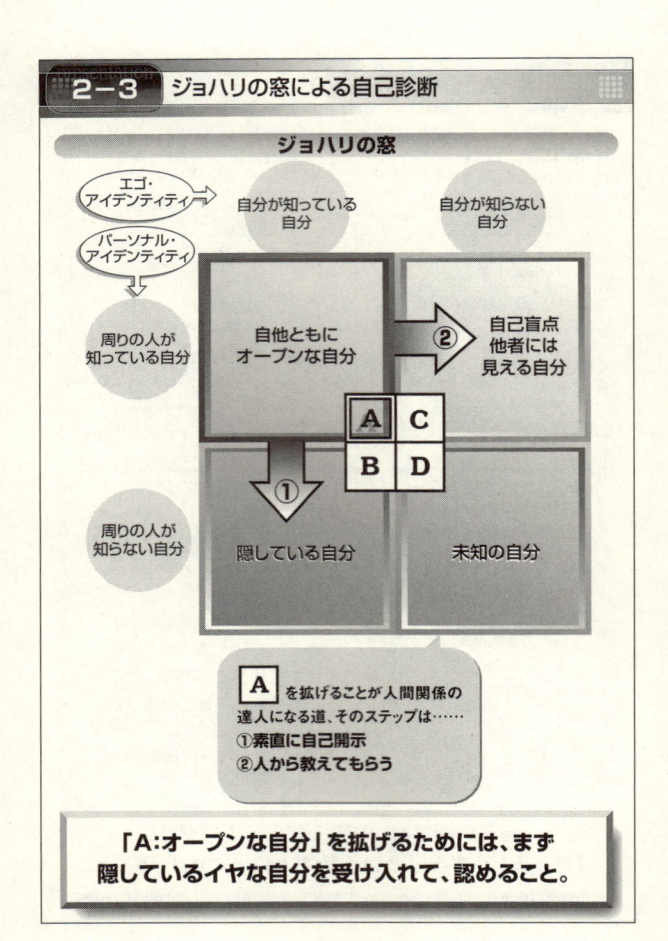

2-3 ジョハリの窓による自己診断

ジョハリの窓

	自分が知っている自分	自分が知らない自分
周りの人が知っている自分	自他ともにオープンな自分 → ②	自己盲点 他者には見える自分
周りの人が知らない自分	↓ ① 隠している自分	未知の自分

エゴ・アイデンティティ
パーソナル・アイデンティティ

A C
B D

A を拡げることが人間関係の達人になる道、そのステップは……
① 素直に自己開示
② 人から教えてもらう

「A:オープンな自分」を拡げるためには、まず隠しているイヤな自分を受け入れて、認めること。

なふうに聞こえるのか、と驚く人も多い。

　また、意識していないときの自分の写真や映像も目からウロコだ。なるほど、これではリーダーにはなれないな、と妙に納得できたりする。いつも緊張していることはないが、人に不快感を与えるような態度や仕草はすごくマイナスだ。

　プレゼンスのある人をよく見て研究しよう。映画やＴＶからでもいい。板についていないうちは、すぐにボロが出たりする。しかし、誰でもそこからスタートなのだ。そして、2週間、半年、1年、3年が経ったときに、本人が意識しなくても、すでに自然と身についている立ち居振る舞いを見つけることができるはずだ。

　なりたいという気持ちと、自己診断と、いいお手本と、習慣化。人生のどんな場面でも、いざとなったときに、「プレゼンス」を感じさせることのできる人間であるということは、多くのポジティブな人たちとの出会いを導いてくれるに違いない。

　なりたい自分を設定して、客観的に今の自分を診断し、今からやるべきことを考え、行動する。そしてそのことを習慣化させることが大切なのだ。

　人間から生まれてくれば、皆人間である。しかし、

人間がすべて「**人格のある存在**」であるとは限らない。人格とは、主体的に自分の「人としての格」をつくり上げようとしている人が、やっと持ち得るもの。自分の性格や行動や意思を決定していく「自分らしさ」というアイデンティティをつくり上げている人が持つもの。そこには、**自分の意思や行動への主体的な責任**がある。

　自分に起こる何事も、決して人のせいや周りのせいにしない。起こったことは、潔(いさぎよ)く受け止め、あとは自分はどう対応するのか、ということにのみ集中する。そういう人格がリーダーである。そういう人格を持つ人からは、人を吸い寄せるエネルギーが出ている。常にポジティブで逃げない。

　ホンダのもう一人の創業者と呼ばれる藤沢武夫氏は、労使交渉が行き詰まり、怒号する組合員の前で、たった一人で正直に窮状(きゅうじょう)を訴え、誠実に対応し、ホンダの危機を組合員とともに乗り越えた。日本を代表するリーダー、本田宗一郎氏も松下幸之助氏も同じことを言っている。

「困難やプレッシャーこそが、成長のチャンスである」と。このような人格の持ち主には、あとから必ずプレゼンスがついてくる。

② 身体的なプレゼンス

① 存在感とは？
なぜ、目立つのか？

究極のプレゼンテーションは、その人間の存在そのものだ。たとえ言葉がなくとも、その存在だけで訴えかける魂を持っている人格。どんなにシナリオ・スキルやデリバリー・スキルを磨いたとしても、これがなければホンモノのプレゼンテーション——聴衆の魂に訴えかけ、行動に移させる力のあるもの——には決して至ることはできない。

しかし、この部分は残念ながらスキルとして学ぶことが難しい。どうしたらプレゼンスを身につけることができるのか？

そこでまず、**存在感のある人とはどんな人か**、考えてみよう。

- 体がともかくデカイ
- 声がめっぽう通る
- すっごく美形
- 人目を引く風貌

ほかに、

- 視線が定まっている

- 発言に説得力がある
- どっしりしている
- 決して自分のペースを乱されない
- 難しい局面でイニシアチブをとる
- 動じない

さらに、
- ミッション＆ビジョンがある
- ポリシーがある
- 主張が明確
- 内面からにじみ出る風格がある
- 人柄がいい

などが考えられる。

存在感とは、

1．目立つ＝ぱっと見た印象（外見）
2．目立たなくても＝その人の発言や態度（内面）

の二面から語ることができる。

　日常のビジネス・シーンにおいて、改めて自分の「プレゼンス」を意識するのは、図2-4のような場合だろう。営業訪問、勉強会、委員会、説明会、講演会、株主総会……。参加者の数が多く、会場の大きさが大きくなればなるほど、自分の存在感の有無が問われる。

2-4 ビジネス・シーンでのプレゼン・スタイル

1:1～3人（面談スタイル）

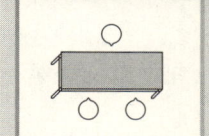

A5以上のサイズのノート型PCであれば、お客様の前でスライドショー可能。

気楽に画面を囲んで

1:4～30人（会議スタイル）

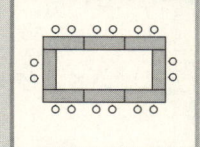

プロジェクターの有無を確認し、先方になければ携帯型プロジェクターでスライドショー（※初めてのプロジェクターの場合、相性の確認が必要）。

白い壁さえあれば、どこでもOK

1:31人以上（セミナー・スタイル）

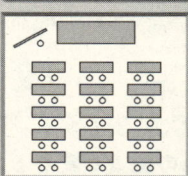

最近は、企業（業界＆規模による）や研修センターやホテルなどには、プレゼン・ルームとして機材が大体、整備されている。

欧米のビジネスパーソンは、マネジャー以上になると、自腹で、デール・カーネギー氏の話し方コースや、ボルドリッジ氏のエグゼクティブ向けプロトコル・コースなど、ビジネスマナーやパブリックスピーチのトレーニングへ通いだす人が多い。より上を目指すのならば、それ相応の振る舞いが必要になるからだ。
「ポストが人をつくる」といわれるが、まさにそういうこと。身につけているものから、目に見えて変わってくる。ネクタイ、スーツ、靴、手帳、万年筆。そして、歩き方、立ち方、座り方、話し方、笑い方、言葉の選び方。
「らしく」なるよう、きちんと努力している。ビジネススクールの友人たちに、彼らのオフィスで久しぶりに会うと驚かされることが多い。もちろん、キャリア志向の強い彼ら彼女らだからだが、本当にどんどん「らしく」なっていく。自分の上司や役員たちといった、いいお手本がオフィスにいるということが大切だろう。
　エネルギッシュ、エレガント、堂々とした落ち着き。その人が会議の場にいるだけで、安心する。**その人が部屋に入ってきただけで、場の空気が変わる**。そんな存在感のある人間になりたいものだ。これはなにも、オフィスばかりではなく、家庭であれ、プライベ

ートな場であれ、そうありたいものだ。

② 良いエネルギーと悪いエネルギー

　エネルギーには、2種類ある。ポジティブ・エネルギーとネガティブ・エネルギーだ。倒産寸前の会社は、なんとなくわかる。伸びていく会社もわかる。どちらかのエネルギーが大きく働いているからだ。**エネルギーは組織の社風と大きく関わる**。社風は、そこに集う人によって形成され、それらの人の行うマネジメントを通して末端にまで根づいていく。

　人間の自己成長意欲を抑えるような減点主義のマネジメントは、組織内にネガティブ・エネルギーを沈殿させていく。がんばり損、ねたみ、嫉妬、羨望、陰口、いじめ、差別、ウソ、密室、形式、儀礼、責任不在、責任転嫁、甘え合い。やる気のある人は組織を去り、自信のない思考停止組が組織に残る。こうして、組織は内部から腐っていく。

　組織だけならいいが、そうではない。こうした組織にいると、人間まで腐ってくるのだ。プレゼンス（存在）自体が、**ネガティブなエネルギーに侵食**されかねない。ネガティブには、ネガティブが集うものだ。類は類を呼ぶ。こうなると、相乗効果で考え方の軸自体がネガティブ中心になる。それが当たり前になる。ポ

ジティブな視点は切り落とされる。

ネガティブな言葉を使いだしていないか、自分のことをチェックしよう。
「それは前例がないなぁ」
「無理に決まっているじゃないか」
「ダメだよ、ダメ」
「やっても、ムダだよ」
「変わらないよ」

人を傷つける言葉も、要チェックだ。
「だから言ったじゃないか」
「そんな程度で大丈夫と思っていたのか。浅はかだな」
「おまえには、できないよ」

言葉以上に、態度も人を傷つける。このように人を傷つけたり、または人の可能性を否定するような価値観が共有されている場には、ネガティブなエネルギーが充満しているとみよう。そういうときには、意識として**自分の周りに柔らかなバリアを張る**。そして、おなかを使ってゆったりと息をしよう。

驚かれるかもしれないが、昨今のアメリカのリーダーになるためのノウハウ本の多くに、何らかの瞑想（メディテーション、坐禅、祈り、呼吸法、エクササイズ）についての紹介や実践プロセスが載っている。

サンフランシスコのＺＥＮセンターも、早朝、週

2-5 エネルギー善悪比較表

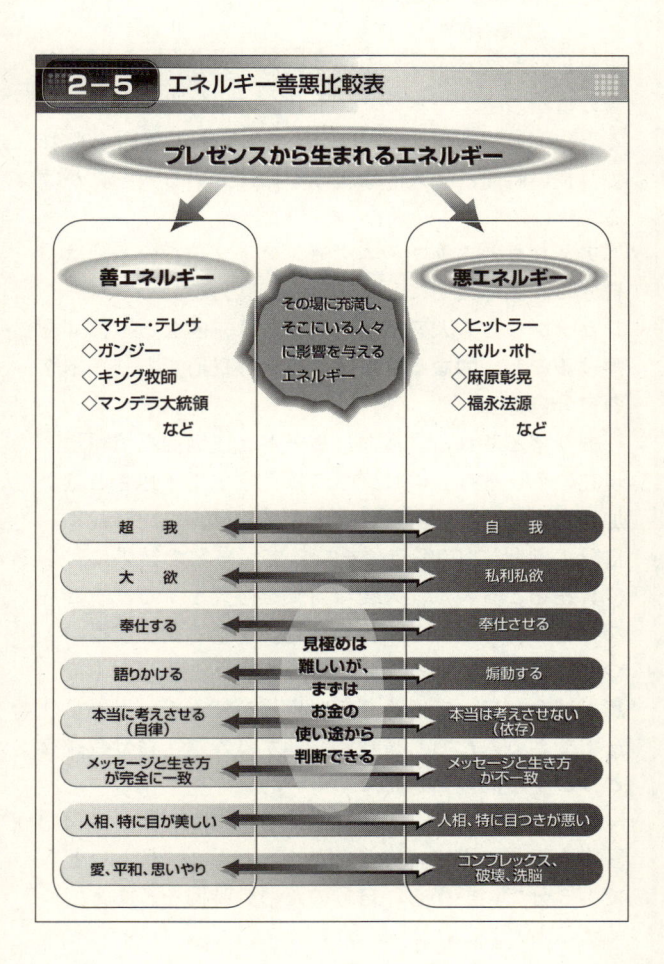

プレゼンスから生まれるエネルギー

善エネルギー

- ◇マザー・テレサ
- ◇ガンジー
- ◇キング牧師
- ◇マンデラ大統領
- など

その場に充満し、そこにいる人々に影響を与えるエネルギー

悪エネルギー

- ◇ヒットラー
- ◇ポル・ポト
- ◇麻原彰晃
- ◇福永法源
- など

善	悪
超我	自我
大欲	私利私欲
奉仕する	奉仕させる
語りかける	煽動する
本当に考えさせる（自律）	本当は考えさせない（依存）
メッセージと生き方が完全に一致	メッセージと生き方が不一致
人相、特に目が美しい	人相、特に目つきが悪い
愛、平和、思いやり	コンプレックス、破壊、洗脳

見極めは難しいが、まずはお金の使い途から判断できる

第2章◎スキル1：プレゼンス

末、ビジネスパーソンが来ている。お昼休みなど、都会の喧騒(けんそう)の中、一歩キリスト教会の中に足を踏み入れると、バリッとしたスーツ姿でひざまずき頭(こうべ)をたれて、長い時間、個人的な祈りを捧げている人を見かける。

　アメリカのトップ・エグゼクティブたちの多くは、自分の直感を大切にしている。直感力を高めるワークショップなども大盛況だ。直感とは、内なる声に耳を傾けること。**内なる声とは、自分の良心**であり、本来の自分自身。

　振り落とされるようなスピードと圧倒的な情報量。現在のネット社会のビジネスは、ますます速さと量が加速してきている。このような先の見えない時代に、自分の判断に100％自信を持って、事業の結果に対して責任をとるのは、大変な勇気を必要とする。まともな神経の持ち主なら、神経性胃炎や十二指腸潰瘍(かいよう)の1つや2つ持病となっていることだろう。そんな中で、驚異的なパワーでゆるぎない自信を持って、人々をリードできる人たち。彼らに共通するのは、**自分自身をとり戻す時間の習慣化**である。

　ジョギングでも、気功でも、水泳でもいい。坐禅や読書や祈りでもいい。ともかく、どんなに忙しいときでも5分でいいから、自分のための時間を、あえてつくることだ。

この癖をつくると、いろいろなところで瞬間的に自分の時間を持てるようになる。ほんの一瞬だが、至福の時間だ。**腹式呼吸3回分（約1分間）**かもしれない。短い祈りの言葉、10秒かもしれない。それでいいのだ。それが、自分のための贅沢な時間。

　自分の周りのポジティブなエネルギーと調和して、自分自身のバランスを立て直す。「魔がさす」というのは、このバランスが崩れたときに起こる。だから、バランスを崩すことのないように、直感が正しく働くように、**自分自身へのちょっとしたいたわり**を忘れないようにすることがスピード社会を生き抜く秘訣だ。

③ 人相とはなんぞや。生き方が顔をつくる

　笑顔が、とても魅力的な人がいる。

　周りまで明るくする笑顔。その人の笑顔を見ていると、ついこちらも微笑んでしまう。押しつけるような笑いではない。自然と、人との喜びを共感して、出てくる笑顔だ。

　よく「男は、40歳を超えたら、**自分の顔に責任を持て**」と言われた。言うまでもないが、なにも男性に限ったことではない。若いうちはみんなはつらつとしていてキレイだし、努力しなくとも健康だ。

　しかし、これが40歳を超えてくると、少しずつ変

第2章◎スキル1：プレゼンス　　71

わってくる。その人の、ライフスタイルや考え方や生活習慣で、美しさも体型もアクションも、**輝かすこともできれば、衰えさせる一方にもできる。**

特に、顔は、多くを物語る。

シワのでき方、表情のつくり方、目の動き、肌のハリ、話したり食べたりするときの口元……。魅力的な笑顔でいられるよう、努力しているだろうか。いつも、眉間(みけん)にシワを寄せているようでは、幸運の女神も逃げていく。おもしろい、というか、もの悲しい職場の話を聞いた。職場環境が、人相まで変えてしまう、という話だ。

ある社団法人。某エネルギー業界の協会組織。各企業からの出向者は、3年で入れ替え。学歴だけは皆さんご立派。地元の元エリートたち。これはもう、性質(たち)が悪いなんてものではない。元エリートなだけに、「なんで俺がこんなところに出向に」という被害者意識からの怒り。それらの多くが、プロパーの女性社員に向けられるようだ。

男尊女卑(だんそんじょひ)そのもの。学歴で上から目線。飲み会ではホステス代わり。セクハラなんて日常茶飯事。単身赴任の多くが、つかの間の独身気分。そこで生き残るには、もともと**何も感じないタイプ**か、自ら**思考停止状態**にしていなければ、とてもいられない。女性社員から、「どんどん、人相が悪くなる」「知らないうちに、

眉間にシワを寄せて人を寄せつけないようにしている」「お人よしに仕事を押しつけて、押しつけられている人間を小馬鹿に見てしまう自分がこわい」という打ち明け話を聞いた。

　話を聞いていると、一人一人は、フツーのＯＬで思いやりも優しさも持ち合わせている。自分のことも冷静に見つめている。だが、その**職場に入ると人が変わる**のだ。「いい人は損」「目立ったらいじめられる」。このようにして、目つきの悪い険のある顔つきの人ばかりがいる職場が誕生する。

　新人や新しい出向者も、３カ月もすると顔つきが変わりだす、という。精神的におかしくなってしまう出向者も、定期的に現れるそうだ。こういう場には、ネガティブなエネルギーが充満しているのだ。人間の思いというのは、エネルギーの一種と考えられる。そして、憎しみや怨念(おんねん)といった思いは、エネルギーの中でもかなりパワーがありそうだ。

　そんな職場で、少なくとも８時間を過ごしている日常が、**本人の生き方や価値観や思考パターンに影響を及ぼさない**はずがない。そして、その影響が表情、ひいては人相自体に現れないはずはないのだ。

　笑いは免疫力を高め、怒りは免疫力を低下させるという実験結果がある。自分の人相は、そのときの自分の生き方そのものを表す。もしも、鏡に映った自分の

第２章◎スキル１：プレゼンス　　73

顔に何かネガティブな要因を見つけたら（シワやしみなどではなく）、口元を無理やりにでも「にっ」とさせて、唇の端を上に持ち上げてみよう。そのときに、自然と目元が笑えないようであれば、心の傷は深い。深く侵食されている。

　口元を笑わせたら、心も目元も全身も、笑いを感じとって、**幸せな気持ちになれる自分**であるかどうか。心が形に現れ、形が心に反映する。そのバランスが崩れることのないよう、自分の顔に責任を持とう。

　心から微笑んだり、笑ったりできない職場など、いる価値があろうはずがない。

3 精神的なプレゼンス

① 自分なりのポリシーや理念を持つ

　リーダーシップ研修で、「Ｍｙバリュー」とか「私の信条」というものをつくって、発表してもらうことがある。はじめは照れている受講生も、何度も何度も、互いにコメントし合い、自分を見つめ直して、推敲を重ねるうちに、変わってくる。

　最後は、なかなかの感動ものだ。こういう機会と場を共有できることを、いつも心からありがたいと思う。たくさんの勇気と感動を、いただく。

　第5章で、皆さんの職場で、簡単にできるトレーニングを紹介している。もちろん、同じことを、ＨＲインスティテュートが提供するトレーニングの中でも、何度も繰り返す。

　話をしてもらうスピーチのお題の中に、
「あなたがすごいなー、と思う人のことを、伝えてください」
「好きな言葉を、聴き手が"いい言葉だなー"と、思えるように伝えてください」
「一番大切なものは、何ですか？　なぜですか？」

「なぜ、この会社で働いているのですか？」
「自分のリーダーとしての点数を10点満点でいうと？　どうして、そう思うのですか？」
というものを入れていくと、話が深くなる。

あくまでリーダーとしての研修なのだが、これまでに考えたこともないようなことを、改めて考えてみるいい機会となる。

お互いに、これまで知らなかった一面が見えてきて、**職場内のコミュニケーションが変わった**、という話も聞く。なんだか、さみしいような気もするが、せっかく皆さんが、自分の時間を投資している場だ。いろいろな意味で、その価値を最大化してもらいたい。

参考までに、HRインスティテュートの某メンバーの「我が信条」を、ご紹介しよう（図2－6）。

形式は、まったく自由だ。どんな書き方でも、たった一言でも、構わない。信条だけではなく、価値観やポリシーなども合わせて言葉にすると、力が出てくる。

自分で、毎朝毎晩それを見たり、声に出してみる。繰り返せば、間違いなく、自分自身の一部となっていく。いろいろな儀式と同じだ。繰り返すことで、**その言葉が、自分の中のプレゼンスとなる**のだ。

祈りや歌というのは、そういうものだ。繰り返すことによって、自分の一部になる。

習慣化していくこと。継続は力なり。

　自分が「こう生きたい」と思うイメージを言葉にし、それを自分で繰り返し、口にしてみる。自分自身に、伝えてみる。1回1回の繰り返し。しかし、その言葉が、いつか自分の中で力をもち出す。そう考えてみると、おもしろい。

　自分の言葉が、自分の品格や、人生そのものをつくり上げていくのだ。見えない大切なもの。言葉になかなかできないもの。したくないもの。それを、自分の言葉として、一度外へ出して、そして自分の中に再度とり込んでみると、その言葉がまるで命を与えられたかのように、イキイキと動きだす。

2-6　某メンバーの「我が信条」

人は、「ひとつの人格」を残して、死する。
誰でも、「生」を受けた時からその人自身の
人格の旅は、始まっている。

私は、この精霊から預った私の人格の旅を
いつも考え、いつも「主体性」を抱いて
「高き志」のなかで
「自分のために」「人のために」そして「人々のために」
行動している。

それは、死する際の預かった私の人格を
いかに自分の力で高めることに成功したかで
自分の役目を果たせたかどうかを確認するためである。

そんなイメージを持って、自分の信条を書いてみては、いかがだろう。

② 主体性がプレゼンスのメディアだ

主体性さえあれば、あとは、なんとかなる。主体性を持っている人は、間違いなくプレゼンテーションがうまい。たとえ、少々しゃべり下手であったり、内容にロジックがなくとも、主体性さえあれば、言いたいことは、ちゃんと伝わる。主体性とは、アイデンティティであり、エネルギーである。アイデンティティは、普通、自己同一性と訳されるが、この訳は、少し難しい。アイデンティティとは、主体性であるといったほうがわかりやすいだろう。

社会心理学者・精神分析学者のエリック・H・エリクソン氏が、20世紀初頭に使いはじめたアイデンティティは、エゴ・アイデンティティとパーソナル・アイデンティティに分けられた。前者は、エゴ＝自我～自分が思う自分、自分が考える自分であり、後者は、パーソナル＝周りが思う人格（自分）、周りが考える人格（自分）である。自己同一性とは、このエゴ・アイデンティティとパーソナル・アイデンティティの統合化＝同一化をいう。つまり、自分が思う自分と、人が思う自分とを一緒にすることだ。

ひらたくいえば、裏表がない自分だ。しかし、文脈から見た心理学上のアイデンティティとしての意味合いには、動的なものが少ない。だからこそ、静的な自分から**動的な自分への革新＝主体性**という意味でアイデンティティを再定義するといいのだ。

プレゼンテーションとは、動的なアイデンティティの訴求でもある。自分を知り、あるべき自分を描き、そのためのエネルギーを自分で創る。あくまで自分は、**生かされている存在**であることに感謝しながら。

アダルト・チルドレン症候群、パラサイト症候群、古くはモラトリアム症候群。いつの世でも、その時代の若者たちに顕著な行動に対して、何かしらの病名がネーミングされる。しかし、昨今の傾向はかなり病的だ。もう笑える範囲を超えてきている。何がいけないか。1つは、命に対する価値観が希薄だからだ。命はいただいたものだ、という意識がない。自分はなぜ命をいただいているのか。英語のライフは、命であり、人生であり、生活である。すべて、同じことだ。一貫しているのだ。

多くの人は、自分の「人生の意味」を探してはいるかもしれないが、自らつくり上げようとはしていない。**意味は、自分でつくり上げるもの**なのだ。誰かがつくってくれて、与えてくれるものではない。生と死

以外は、自分で責任を持つのだ。人間とはそういうものなのだ、という目で見れば、今の一瞬一瞬が違って見えてくる。**すべてに意味がある**。そう、意味は自分がつくるものだから、すべてに意味が見つかる。

プレゼンスのある人は、いつも何事にも意味を見出(みいだ)している。見つからなければ、創りだしている。自分が生きている意味がある以上、今のこの瞬間に意味がある。**意味のある瞬間の積み重ねが人生になる**。これは、すごい人生だ。

無意味な人生なんて１つもない。幸せだろうが辛(つら)かろうが、意味がある。意味という軸では同じ評価だ。幸せだから意味があって、辛いから意味がない、ということではない。

「人生って、生きるって、いったい何なのだろう？」

ではなく、

「人生って、生きるって、何にしようかな？」

と、自分に向かってたずねることだ。

そうしてつくったこの世でたった１つの自分の生きる意味。これが、自分自身のＰＩ（パーソナル・アイデンティティ）であり、主体性そのものである。

③ エネルギー（気）

エネルギーは、人からも感じるが、「言葉」からも感

じるものだ。手元に、美しい詩集がある。詩集のページからは、何か伝わってくるようだ。それは、もちろん深いメッセージなのだが、ビジョン（映像）をともない、包み込むようなたおやかな存在なのだ。

言葉に魂が入ると「言霊」になり、言霊は、人に勇気や主体性を与えることになる。

老子の言葉を、英語から日本語へと現代語訳し、イキイキとよみがえらせた加島祥造氏。

「ＴＡＯ（タオ）」（老子）について、この頃は「ほしがらない」というキーワードを、生みだしている。つまり、とらわれない生き方だ。

加島氏自身、東京を離れて、一人静かに暮らしていらっしゃる。「ＴＡＯ」の言葉は、静かだが、決してくみ終わることのない無蔵のエネルギー。万物は、流転する。そんな、流れている、というエネルギーを感じる。

そんな静なるエネルギーを感じさせるプレゼンスを身につけるために、**詩を朗読**してみる。言葉が**自分の中に落ちるように、朗読**する。

肝っ玉があると思う丹田に、意識を集中する。

ひとは、母の胎内で命を授かり、静かにやすらかに育つ。おなかが、宇宙の根っことつながっているように感じたことは、ないだろうか。自分の内なるエネルギーをわき立たせたいときは、おなか（丹田）への集

中だ。

　あとで紹介する腹式呼吸とも、つながっている。頭や心を使いすぎると、体や気が悲鳴をあげる。エネルギーを補給するときは、頭と心を空っぽにして、おなかに意識を集中しながら、腹式呼吸をしてみよう。なんだか、新しい「気」がめぐりだす。

「邪気」が消えて、「元気」になる。「陽気」になる。「陽転」するのだ。

　これも、大切なセルフ・コントロールの１つだ。自分のエネルギー状態に、気をつかってみたことのない人は、坐禅を数回、経験してみるといい。自分の中のエネルギーの存在を、何か感じとることができるかもしれない。

　プレゼンスは、プレゼンスを感じさせる人の言葉を、何度も何度も繰り返しているうちに、自分の中にプレゼンスとして現れてくることがある。

　まるで、**誰かが聴いてくれているかのよう**だ。言葉には、不思議な力がある。「言霊」を意識してほしい。

4 プレゼンスはシナリオ&デリバリー・スキルの源

① シナリオに自信があれば

　あがるあがらない、に影響を及ぼす要素が、いくつかある。会場や設備の状態の良し悪しや、人数の多さ少なさ、聴き手の態度など。場数を踏んでくると、だんだんこうした外的要因は、克服できるようになる。

　プレゼンスとして「なんであれ、伝えることが使命なんだ！」を意識することが大切だ。こうなれば、プレゼンテーターとして、一人前。しかし、場数を踏んでも、あがることはある。これこそ、まさに、最悪の状況。それは、**自分の言いたいことが、わかっていないとき**だ。

　たとえば、人がつくった資料を代役として、急きょ発表。または、自分がずいぶん前に、やっつけでつくった資料を、なんとかなるさ、と思ってプレゼンテーション。これはもう、自業自得だ。なぜなら、プレゼンテーションの真髄である、「最も伝えたいこと」のメッセージがあいまいな状態なのだから、仕方あるまい。

　では、それでもなんとか恥をかかずにやりきってし

まうような、プレゼンテーションの上手な人は、生まれつき上手なのだろうか？　そんなわけはない。今や、講演会で立ち見が当たり前の、プレゼンスが高いビル・ゲイツ氏。学生時代は、ナード（技術オタク）。早口で甲高い彼のスピーチが、観客をひきつけたとは思えない。

　しかし、今や世界のトップが集まるイベントにおける、基調講演の常連だ。プレゼンテーションのうまさが生まれつきではないことを証明する、もう一人。世界の環境問題伝道師といえるこれまたプレゼンスが高いアル・ゴア氏。『不都合な真実』というドキュメンタリー・フィルムで見せた、プレゼンテーションの見事なこと。しかし、ゴア氏がアメリカ大統領選を戦ったときのスピーチを思い出すと苦笑する。

　当時は、ジョージ・W・ブッシュ氏も、どっこいどっこいに、いただけなかった。だが、今やどうだ。両名とも、プレゼンテーションの上手な人に、名前があがる変わりようだ。

　プレゼンテーションは、生ものだ。以前、成功したからといって、今回もうまくいくとは限らない。その場のムード、場をつくり上げる聴き手の空気。こうしたもので、いくらでも変わってしまう。生もの、なのだ。侮ってはいけない。

　だから、どんな変数があっても、自分を乱さないよ

うに、**プレゼンスを意識したセルフ・コントロールをしっかりとやることが大事**。そしてもう1つ忘れてはいけないのが、リハーサルだ。リハーサルをやっていれば、セルフ・コントロールもしやすい。

何度も何度もリハーサルをやっていれば、こわいものなしだ。自信を持って、落ち着いて、自分の言葉と自分のペースで、話のリズムを創ることができる。

いつも、**見えない敵は、必ず"見える化"させる**ことだ。そうすれば、対応策が必ずある。

準備とリハーサルを、怠る(おこた)ことなかれ。プレゼンスがついてくるからだ。

② 腹式呼吸の方法

迫力のある人、エネルギーが伝わってくる人のプレゼンテーションは、説得力がある。同じ内容でも誰がプレゼンテーションするかで印象が違ってくるのは、気迫、エネルギーが違うからである。

そもそも**気迫、エネルギーの源(みなもと)は、呼吸にある**。気とは息であり、呼吸は気息(きそく)という。武道や芸で、勘所をつかむことを「呼吸を知る」というのは、**技や知恵が呼吸と深く関係していること**を表している。

腹式呼吸は、鼻から吸って空気をおヘソの下の丹田に溜め込むように意識する。だから、吸ったときにお

なかが出る。そして口からゆっくりと吐き出す。このときに、おなかが少しずつへこんでいくのだ。おなかを使った腹式呼吸の効能は、実証されている。酸素が血液中に十分いきわたる。脳内からセロトニンという怒りを抑える物質が出る。眉間のミューラー筋が開くので、目がはっきりと大きく見開かれる。

古今東西の聖典や、偉人の言葉の中に「呼吸」について触れられているのは興味深い。考えてみれば、人間が生命体として最も必要なのは、空気である。食べ物や水は、数日間なくても生きていける。しかし、息ができなければ、数分で死んでしまうのだ。

だから、空気には人間が最も必要とするエネルギーが含まれているといえる。いい空気を吸うことは、いいエネルギーをとり込むことだ。怒りも緊張も、ネガティブ・エネルギーは、腹式呼吸で退治することができる。

特に「吸う」ときよりも「吐く」ことが大切だ。うまく吐ければ、必然的に吸えるからだ。

迫力あるプレゼンテーションをする人の呼吸をよく観察すると、腹が波打っているのがわかる。腹式呼吸をしているのだ。腹式呼吸をすると、腹から声が出る。深く呼吸しているから話し方に落ち着きがある。間合いがうまくとれる。そして何より、その人の

「気」が場に放出される。存在感のある人というのは、「気」が出ている人なのだ。この「気」が人に伝わって、迫力やエネルギーがあると感じさせる。プレゼンスの根源には「呼吸〜気」がある。

「気」は、頭で考えても出てこない。気持ちや体に緊張や力み(りき)があっても出てこない。心と体が整ったときに「気」は出てくる。「気」が出ている状態というのは、**十分リラックスしながら、感覚は鋭敏な状態**だ。この状態をつくるのが、呼吸法だ。「気なんて、気功やヨガの行者(ぎょうじゃ)ででもなければ出ないよ」と考えているとしたら、それは大きな間違いだ。誰だって気は出せるし、出している。それも**呼吸をコントロールする**ことによって。

たとえば、怒りが込み上げてくると呼吸が速くなる。悲しみに沈むと呼吸は浅くなる。落ち込んだとき、焦っているとき、大きく息を吸い、そして吐かないだろうか。気持ちを落ち着けようと意識的に深呼吸することもあれば、無意識に大きなため息をついていることもある。これは、呼吸をコントロールすることで、気持ちやエネルギーがコントロールできることを知っているからこうするのだ。息を整えることで「気」を整えているのだ。

特に、ため息には大きな意味がある。落ち込んだとき、何度も何度もため息をつくのは、ため息をつくこ

とで「気」をとり入れられるからだ。

　気功やヨガでは、自然や宇宙にはエネルギーが充満しており、人間にも生命エネルギーが満ちていると考える。このエネルギーを「気」と呼んだり、プラナといったりする。人間の「気」が衰えると、元気がなくなり、病気になったり、精神を病んだりする。そこで、気功やヨガでは、宇宙エネルギーをとり込んで、生命エネルギーのレベルを高めようとする。その際のパイプ役となるのが呼吸だ。

　気功の呼吸法で重要なのは、「松静自然」といわれ

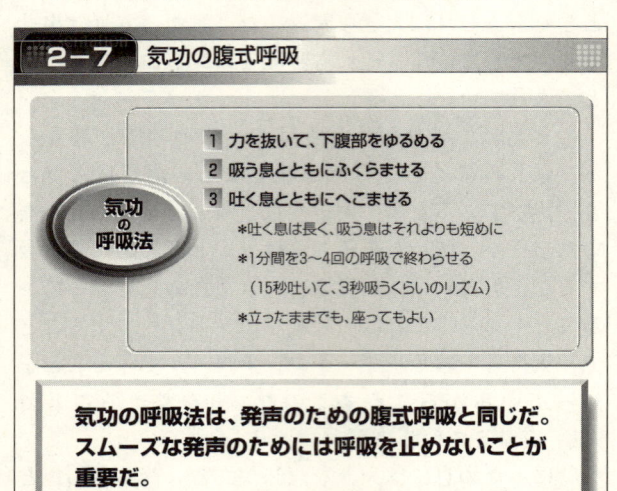

2-7　気功の腹式呼吸

気功の呼吸法

1. 力を抜いて、下腹部をゆるめる
2. 吸う息とともにふくらませる
3. 吐く息とともにへこませる

　＊吐く息は長く、吸う息はそれよりも短めに
　＊1分間を3～4回の呼吸で終わらせる
　　（15秒吐いて、3秒吸うくらいのリズム）
　＊立ったままでも、座ってもよい

気功の呼吸法は、発声のための腹式呼吸と同じだ。スムーズな発声のためには呼吸を止めないことが重要だ。

る。「松」とは、心と体をリラックスさせること。「静」とは、静かな状態。「自然」とは、無理も作為もなくありのままということ。力を抜いて、下腹部をゆるめ、吸う息とともにふくらませ、吐く息とともにへこませる。

　吐く息は長く、吸う息はそれよりも短めに。最初からは難しいが、練習を積んで、1分間を3〜4回の呼吸で終わらせるようにする。3秒止めて、15秒吐いて、3秒吸って、3秒止めて……というくらいのリズムだ。立ったままでも、座ってもよい。この呼吸法は、**ボイス・トレーニングの基礎**にもなるので、ぜひ練習してほしい。

　呼吸法は、瞑想と深い関係にある。呼吸を整え、気持ちを落ち着かせる方法として、ベトナムの禅僧ティック・ナット・ハン氏が教える簡単な瞑想法を紹介しよう。15〜20分くらいかけて行う。

〈ティック・ナット・ハンの瞑想法〉
　できるだけ静かなところで、背筋を伸ばし座る。目をつむり、無理のない普通の呼吸をする。
　①息を吸いながら「私は静か」と心の中でつぶやく
　②息を吐きながら「私は微笑む」と心の中でつぶやく
　これを繰り返す。そして、「私は静か」「私は微笑む」という言葉を忘れるくらい呼吸に意識を集中する。

次に、**ヨガの呼吸法は、プラナヤーマ**と呼ばれる。プラナは気功でいう気にあたるもので、プラナヤーマはプラナを制御するという意味で、**調気法**と訳されている。『ヴェーダ』（バラモン教の根本聖典）や『ウパニシャッド』（古代インドの宗教哲学書。ヴェーダの最後の部分）には、プラナは、宇宙エネルギーであるとともに、生命エネルギーであると説かれている。

ヨガというと、さまざまな体位をとるアーサナ（体位法）を思い浮かべる人が多いが、アーサナだけでは

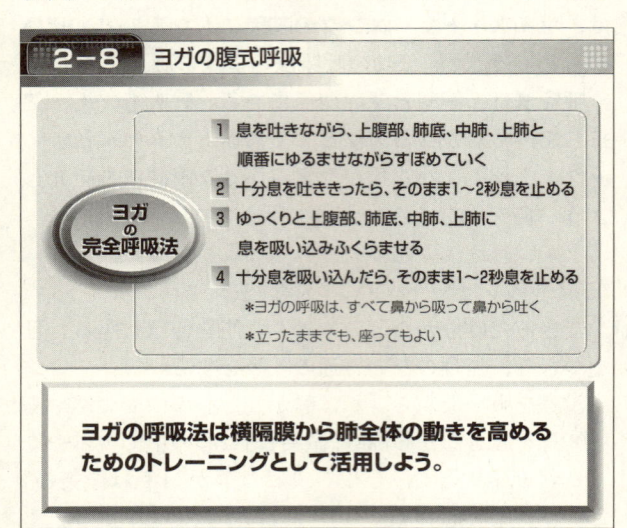

2-8 ヨガの腹式呼吸

ヨガの完全呼吸法

1. 息を吐きながら、上腹部、肺底、中肺、上肺と順番にゆるませながらすぼめていく
2. 十分息を吐ききったら、そのまま1～2秒息を止める
3. ゆっくりと上腹部、肺底、中肺、上肺に息を吸い込みふくらませる
4. 十分息を吸い込んだら、そのまま1～2秒息を止める

*ヨガの呼吸は、すべて鼻から吸って鼻から吐く
*立ったままでも、座ってもよい

ヨガの呼吸法は横隔膜から肺全体の動きを高めるためのトレーニングとして活用しよう。

ただの体操にすぎない。アーサナ、プラナヤーマ、瞑想の3つがあってようやくヨガである。

ヨガとは、「馬をつなぐ」ことを意味するユジに由来する言葉で、「**精神を統一し、瞑想する**」ことを意味している。プラナを体感することにより、体と心、現象と本質、人と自然といった分離、対立しているものを融合し、人間が本来持つ自己治癒力を呼び覚ましたり、眠っている能力や力を開発することができる。ヨガにより、アルファ波が出ることや、免疫機能が高まることはよく知られている。

ヨガの呼吸法は、横隔膜から肺全体の動きを重視する完全呼吸法だ。気功の呼吸法のように腹部をふくらませず、普通に保つ。このため、ヨガの行者は、胸が厚く発達し、腹部が締まっている。気功や日本の呼吸法が、胸がゆるみ、腰や腹が発達した体型を理想とするのとは違っている。

③ ビジョナリーな表情＆表現

人相と表情の違いは、何だろう。表情は、演技でつくることができる。つまり、意識していればつくれるもの。ずっと意識していることを訓練していれば、本心とは別の次元で表情をつくることは可能だ。

しかし、**反応としての表情は無意識に現れる**。ちょ

っとした視線や仕草の中に、読みとることができるのが本音だ。水をかけられた瞬間、握手かと思って手を差し伸べたら代わりにビンタを受けた瞬間。こうした予期しない屈辱（くつじょく）の瞬間に見えるものがある。また反対に、思いがけない栄誉、大げさと思えるほどの賞賛を受けたあとに見えるものがある。

　どちらにしても、同じなのだ。自分というものにとらわれている以上は、むっとした表情も、得意げににやけた表情も現れてしまう。日頃、どんなに偉そうなことを言っていたとしても、こうした一瞬に化けの皮がはがれたりする。

　ビジョナリーな表情とは、確固としたもの。凛としたもの。動かざるもの。たとえ地震が起こり、地面が割れようとも、私は変わらない、というような表情である。

　こうした表情の場合、何が特徴か？

　それは、目である。

　目は口ほどにものを言う、とは控えめ。実際、**目は口より多くのものを言う**。目から気持ちを読みとられない人は、かなりのトレーニングを積んでいるはずだ。

　感情を読みとられたら危険、というような経験を幼児期にしていれば、決して感情を表さない訓練を自然と身につけてしまうことだろう。アメリカのセミナー

で、見知らぬ同士が、目と目を10センチくらいに近づけて数分間身じろぎもせずに、まっすぐ見つめ合う、などという場面があったが、これも結構ためになる。本当に、目は口ほどにものを言うことがわかる。

次に表現だ。**選りすぐられた言葉は、パワフル**。余計な言葉をそぎ落とし、魂にストレートに届き、浸透するような言葉。シンプルだが力強い。政治家の言葉の逆と思えばいい。玉虫色、言葉がダラダラする、長い、くどい。これらはすべて、自信のなさを表している。本当に信じていることは、単刀直入かつシンプルに伝えることができる。

21世紀には、ますます**目と心の鍛錬を忘れずに**、そして言葉は厳選することがリーダーの条件だ。地道に習慣化していってほしい。

プレゼンスは、生き方そのもの。生き方そのものが輝いている人は、出会う人みんなにエネルギーを与えることができる。マザー・テレサ氏は言う。
「今日あなたに会った人は誰でもみんな、来たときよりも帰るときに、より善い人で、より幸せになっているように、あなたの輝きを現しましょう」

プレゼンスは、シナリオ＆デリバリー・スキルの源であり、原点である。

第3章

スキル2：
シナリオ・スキル
～「次を知りたい！」のために

1 ソリューション／コンセプト／ロジック

① 一番大事なのは「相手軸」

プレゼンテーションは、目的が最も大切だと前述した。この目的こそ、この章の「シナリオ」に凝縮される。

シナリオといっても、人によってとらえ方が違う。

そこで、まず整理しよう。

この本で、私たちがシナリオというときは、基本的にコンテンツ＝プレゼンテーション資料をイメージしている。提案書や戦略分析レポート、事業戦略シナリオ、ビジネスプランなどだ。

資料やスライドがあろうがなかろうが、それぞれの味を活かして、ともかくメッセージを聴き手に伝えられるようになってもらいたいが、その道はかなり険しい。

営業提案、企画提案、事業提案、戦略提案、プロモーション提案、改善提案など。ビジネスに関わることで、提案の対象にならないものはない。もちろん、仕事だけではない。家庭やコミュニティにおいても、提案するときに活用できるのが、シナリオだ。

成功するシナリオ（提案）をたくさん見てくると、共通項に気がつく。その共通項とは、次の3つを、基本的に押さえているということだ。

> 1．相手の立場に立っている内容＝ソリューション
> 2．提案の特徴・優位性がよくわかる＝コンセプト
> 3．一貫した流れなので納得がいく＝ロジック

3つとも欠かせないが、この中で最も大切なのが、ソリューションだ。相手の視点でのシナリオづくり。**相手が喜ぶシナリオは何か**。相手がほしい提案は何か。どうだったら、「ほしい！」と感じる可能性があるのか。

コンサルタントが、自分たちの提案をする前に、しっかりとクライアントの資料をチェックしたり、ヒアリング、インタビューをするのは、相手のことをよく知りたいからだ。知らなければ、琴線(きんせん)に触れるような表現は出てこない。一般的・抽象的・総花的な、カタログのような提案はアウト。会社名を書き直したら、どこにでも通用するような、思いのない提案書。これでは、相手の心を打たない。

のちほど、提案書の具体的な書き方の中で、ソリューションを提示するパートについて触れるが、ともかく、相手の言葉をふんだんに使おう。自分たちの独り

よがりな表現になっていないか、を注意する。そして、相手が興味のある、身近な言葉を随所にちりばめるのだ。

これだけでも、印象がずいぶんと違って見える。「もっと、見てみたい」と思ってもらえる。

② 事実(FACT)と意見(OPINION)

シナリオの最小単位は、情報だ。この情報を収集して、整理して、分析して、提案する内容に仕立て上げていく。だから、シナリオ力をつける前に、情報に敏感でなければならない。

情報も実は、事実(FACT)と自分、自分たちの意見(OPINION)に分けることができる。

事実と意見は、言いかえれば、客観と主観だ。

どちらかだけに偏りがあっては、いいシナリオとは言えない。客観的情報が羅列されているだけでは、「で？」となる。何が言いたいのか、わからない。現状はよくわかった。そこから、何が読みとれるのか？

情報からの読みとり＝ファインディング（わかったこと）は、1つではない。情報の組み合わせ方によっても、何が読みとれるか、は変わってくる。ここには、主観が入る。

帰納法的思考のボトムアップ式は、このやり方だ。

いろいろ集めてみて、何が見えてくるか……を探る。一方、演繹法的思考のトップダウン式を覚えているだろうか。

何か、**言いたいこと＝メッセージ**があるから、情報で検証する。その言いたいことを、相手に納得してもらうための**情報を集めて検証**する。

そもそも集められる情報やデータには2種類ある。

1．セカンダリー・データ（デスク・リサーチ）
2．プライマリー・データ（フィールド・リサーチ）

セカンダリーとは中古品、お下がりのこと。世の中にすでに出回っている情報。官庁の白書やシンクタンクのレポートなど。書店や図書館に行かなくても、インターネットで関係図書や雑誌などを検索・購入ができる。便利な時代だ。

セカンダリー・データはさらに、企業固有の社内情報と市場に出ている社外情報に分けられる。今はホームページでほとんどの企業の最新の動向がつかめるようになった。とはいっても、社内報や各種社内調査資料や創立記念日の特別社史など、オープンになっていない情報で重要なものもある。頼めばいただける場合も多いので、情報として入手しておこう。

第3章◎スキル2：シナリオ・スキル

こういう情報から、**提案先企業の固有の言葉や文化**をしっかりとつかんで、提案書の中に思いっきり反映すると効果抜群だ。社長の言葉から落とし込んだ課題〜ソリューション・ツリー（課題を体系化した構造図）なら、誰も文句は言えまい。

　次に、プライマリー・データとは何か。世に出回っていない情報。つまり、自ら足で現場（フィールド）から稼がなければ得られない生情報のこと。だから、プライマリー・データを集める調査のことを、フィールド・リサーチといい、セカンダリー・データを集めるのをデスク・リサーチと呼ぶのだ。

　いい仮説をつくるには、やはり情報の基盤になるデータが必要。はじめの第六感的な自分の主張を、まずは客観的に見て、おかしくないか確認する。

　こうした**予備調査を受けて、仮説を検証、練り直す**。仮説が、もっとシャープになった（つまり、聞くべきことがもっと明確になった）段階で、アンケート調査やインタビュー調査を実施する。

　いったい、何を検証するのか。アンケートの設問設計やインタビュー・ガイドは、時間をかけてつくる。漠然（ばくぜん）とした言葉で聞いても、その後の活動に落とし込める情報にはならない。いいのか悪いのか、ではなく、**どういいのか、どこが悪いのか**。するのかしないのか、ではなく、**何ならするのか。その理由は何か**。

3-1 情報収集のノウハウ・ドゥハウ

調査の種類

デスク・リサーチ

セカンダリー・データ
- 内部情報源: 経営計画書／有価証券報告書／財務諸表／営業実績報告書／既存の調査報告書（クレーム分析報告・顧客満足度調査…）など
- 外部情報源: 政府刊行物／定期刊行物／書籍／業界団体の資料／マーケティング関連機関の資料／大学・研究機関・財団のOBなど

フィールド・リサーチ

プライマリー・データ
- 実査
- 観察
- 実験

①定量調査：アンケート調査　面接法／留置法／郵送法／電話法／集合法／ネット法

②定性調査：インタビュー調査　デプス・インタビュー／フォーカス・グループ・インタビュー

セカンダリー・データとプライマリー・データ、アナログ情報とデジタル情報のバランスに気をつけて。

あいまいな表現をできる限り、具体的にする。その後のプロモーションや営業などの戦略や計画・施策を練る上で、**実際に使える情報**を聞かなければ、即、倉庫行き資料だ。

　生々しい意見や理由を聞きたくても、自由記述があまり多いと、回収率は減る。未記入が多くなる。自由記述の気持ちを代弁できるような選択肢が用意されていないと、答える気がうせていく。つまり、「わかってないなぁ」と言わせてしまうのだ。

　情報収集の機会は、実はＣＲＭ（カスタマー・リレーションシップ・マネジメント）のはじまりなのだ。調査用紙も送付状も、すでにそこから企業と顧客の関係性が生まれている。返信用封筒が一回り小さいので、Ａ４用紙を折り込むときに苦労した！　不親切！といった声が吸い上げられる。ごもっともなり。そういうところに、企業の気遣いのなさ、もっといえば、傲慢さが見え隠れしたりするのだ。

　こういう場合、**企業文化までそう思われる**可能性大。本当に、気をつけよう。さらに輪をかけて、インタビュー調査は、ファンをつくる、またとないチャンスだ。いいインタビュアーは、すでにプレ営業。中立的な立場を活かして、普段では聞けないようなことも聞き出すことができる。もちろん、**ヘボなインタビュアーは致命的**。顧客離れも起きる。

ぜひとも拙著『コンサルタントの「質問力」』(ＰＨＰビジネス新書)を読んで、インタビュー・スキルを磨いてほしい。

情報を収集・整理・分析していくと、次第に自分たちの意見（OPINION）が事実（FACT）をベースにまとまっていき、より切り口が明確になってくる。

つまり、情報の客観化から主観化に変わっていくのだ。そして、さらにその主観に、思いが込められるようになっていく。

③ シナリオを描きだす前の5つのプロセス

本を描くときであろうが、提案書をまとめるときであろうが、相手に納得して、同意していただくシナリオを描きだすとき、5つのプロセスが大切だ。

Step 1．目的は何か？
Step 2．相手（キーパーソン）は誰か？
Step 3．目的×相手の、キラーメッセージは？
Step 4．キラーメッセージに必要な、事実・根拠は何か？
Step 5．その事実・根拠を、どのように組み立てたら、最も効果的か？

何か提案をする、ということは、必ず目的があるはずだ。まず、そこからはじまる。
　この中でも、特にはじめの2つ！　ここがあいまいなまま、パソコンに向かうのだけは、やめよう。時間のムダとなるからだ。
　Step 1.「**目的は何か？**」で必要なのは、ぶれない目的。
　しっかりと、文言を書き記してみよう。誰が読んでも同じ解釈になるように、明文化してみる。提案の範囲（スコープ）や前提条件があいまいだと、目的自体が揺らぎ、表現しづらいものだ。
「人事制度全体の見直し」なのか、「人材育成関連の見直し」なのか。「見直し」ではなく、「刷新」なのか。対象の大きさ・範囲や、認識のレベルなどが微妙にずれるだけで、シナリオの一貫性が揺らぐ。わかりにくくなる。
　表紙（タイトル）を見て、読み手（聴き手）が予期した目的が、読み進むうちにだんだんとずれてくると、気持ちが悪い。裏切られたような気持ちになる。
　まずは、**ぶれない目的を、自分で定義**することだ。
　わかりやすくいえば、**提案書はラブレター**だ。私どもの社内でも、なんだか筆が進まない状態で提案書にとり組んでいるメンバーには、「ラブレターだ、と思って書かないと」とアドバイスする。そう考えると、

Step1〜5のプロセスは、わかりやすい。

ラブレターを書いたことがあれば思い出してみよう。相手のことを想い、どうしたら自分の気持ちをわかってもらえるか、どうしたら相手の気持ちを揺り動かすことができるかを考え、心を打つ言葉のメッセージを何度も練り直す。

「自分を選ぶことが、あなたのベネフィット（利益）になりますよ！」。そんな気持ちが、レター全体に溢れている。

提案書もラブレターと同じだ。相手のことを考える気持ちがなければ書けない。相手にとって「こうなったらいいんじゃないか」「これを解決するためには、

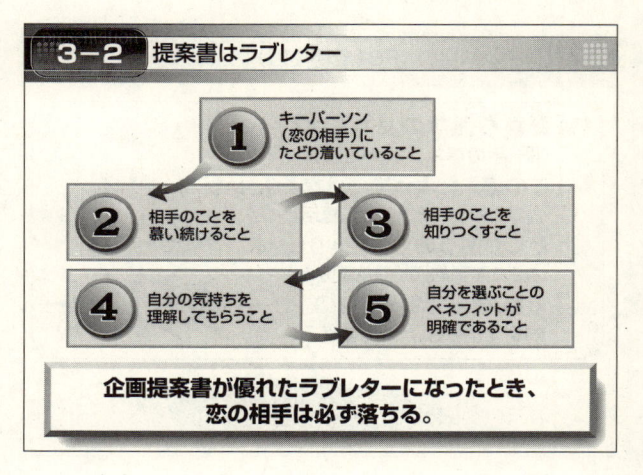

3-2　提案書はラブレター

1. キーパーソン（恋の相手に）たどり着いていること
2. 相手のことを慕い続けること
3. 相手のことを知りつくすこと
4. 自分の気持ちを理解してもらうこと
5. 自分を選ぶことのベネフィットが明確であること

企画提案書が優れたラブレターになったとき、恋の相手は必ず落ちる。

第3章◎スキル2：シナリオ・スキル

こうしたらいいんじゃないか」「そのためには自分とパートナーになりましょう」……。そういう強い想いが、いい提案書を書かせるのだ。そして、あとは論理的に納得してもらうポイントを押さえる。相手にわかってもらうためには「情熱×論理」が必要なのだ。

相手のことを考え、知りつくし、どうすれば自分の提案を理解してもらえるかを考えることだ。

いくら、相手に対する強い想いがあっても、支離滅裂のラブレターでは気持ちは伝わらない。相手が大人なら、小学生の作文では通じないということだ。内容に一貫した流れがあること、そして説得性があること。これが大事だ。

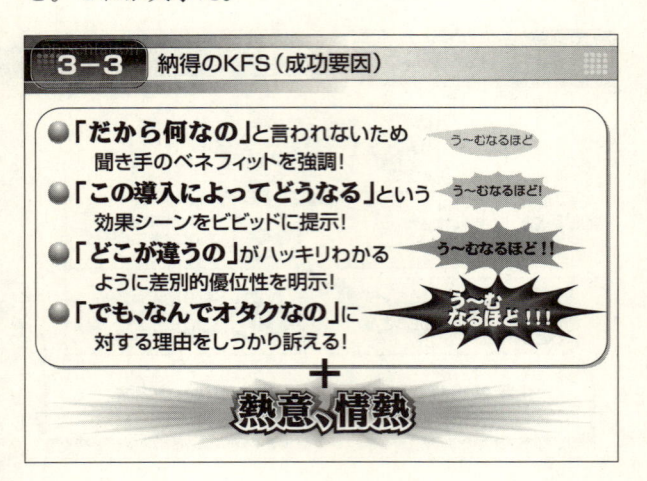

3-3　納得のKFS（成功要因）

- ●「だから何なの」と言われないため
  聞き手のベネフィットを強調！　　　う〜むなるほど
- ●「この導入によってどうなる」という
  効果シーンをビビッドに提示！　　　う〜むなるほど！
- ●「どこが違うの」がハッキリわかる
  ように差別的優位性を明示！　　　う〜むなるほど！！
- ●「でも、なんでオタクなの」に
  対する理由をしっかり訴える！　　　う〜むなるほど！！！

＋

熱意、情熱

提案書のシナリオも同様。特に提案書は、ロジカル（論理的）であることが求められる。提案書への想いが強ければ強いほど、多くのことを語りたくなる。分析の結果や自分の考えていることなど、必要のないことまで盛りだくさんにしたくなる。しかし、そこは「ロジック」という刀で、バッサリと切り落とさなくてはいけない。

　提案書は目的や提案先によって、視点や内容のボリュームが変わる。通常は複数ページとなる。そこには**はじまりから終わりまで、１つのコンセプト**があり、全体としてロジックがなくてはならない。**紙芝居のように１ページ終わるごとに、相手の頭を整理しながら、理解を深められるシナリオ**であることが必要だ。

　全体の流れをロジカルに通すためには、当然、提案書の１ページ１ページが、ロジカルに完結することが求められる。**１ページで伝えるべきメッセージは１つ**。これが基本だ。

　そして、１ページ１ページの論理性が連続することによって、全体のロジックが完成する。１ページにおさめられたメッセージをロジカルに伝えること、これが全体のシナリオにロジックを持たせるのだ。

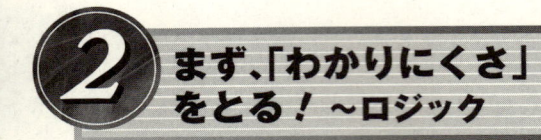

② まず、「わかりにくさ」をとる！〜ロジック

① 人は、人の話を聞かないものだ

　人は、人の話を思ったより聞いていない。

　よほど重要か、緊急度が高いか、おもしろいか、楽しいことでもなければ、自分のほうを心から向いてくれるものではない。

　仕事でのことなら、なおさらだ。同じ会社でも年代が違ったり、生き方・考え方が違ったり、部署が違ったり、忙しさが違ったり……皆、立場が微妙に違うのだ。

　冷静に自分のこれまでの会議中のこと、セールスマンからのセールスを受けているときのこと、研修中のこと、子供や友だちとの会話中のことを思い出してもらいたい。50％記憶に残っている人は、まず、いない。なんとなく、何か印象に残っていても60分のうち、「一瞬のこと」「１つの言葉」「楽しかったということ」「ためになったということ」くらいのはずだ。内容を３日経っても覚えているなら、それはよほどの内容だ。

　人は、人の話をまったくというほど覚えていないと

思ったほうがいい。プレゼンテーションとは、「人は、ほとんど、人の話を聞いていない」という前提からのスタートと考えるべきだ。特に、上司の話、営業マンの話はなおさらだ。

　脳の思考速度は、「聴く」速度の4倍。つまり、人は聴きながらも、いろいろ考えている。
「誰か質問しないかな」「中国では？」「知ってる、知ってる」「ドラッカーの本にあったなぁ」のように、内容に関わることで、瞬間にいろいろ考えている。
　その一方で、「今朝のメールの問い合わせ、誰か対応しているかな」「昼、どこでなに、食べようかな」「斜め前の人、見たことあるなー。どこでかな……」。
　このように、話に関係ないことに意識が向いていても、なんとなく話は聴いている。少なくとも、聴いているふりはできる。しかし、**聴き手を迷子にしたら、そこでおしまいだ**。話し手との関係性が、途切れる。
「え？　なに？」「どうしてだよー」「わからないなぁ」となってしまうと、もう面倒くさい。理解のための負担をかけられるのは、まっぴらだ。こうなってしまうと、脳は違うことに集中してしまう。もう、完全に聴かなくなっている。
　自分が眠くなるときを、思い出してみよう。
　デリバリー・スキルがしっかりしていても、眠くな

る場合はある。
＊事前に期待していた内容と違う
＊内容のレベルが合っていない
＊どこかで聞いたような話ばかり
＊自社や自分の宣伝や自慢が中心
＊話が飛んだり広がったりしている　など

これらのどの理由からであれ、「えー、なんでだよ」と思われたら、そこでおしまいだ。

もう期待値は下がっているから、熱心に聴いてもらうモードには、なかなか戻せないだろう。もちろん、これらの理由はロジックだけではない。ソリューションやコンセプトが不足している、という原因とも重な

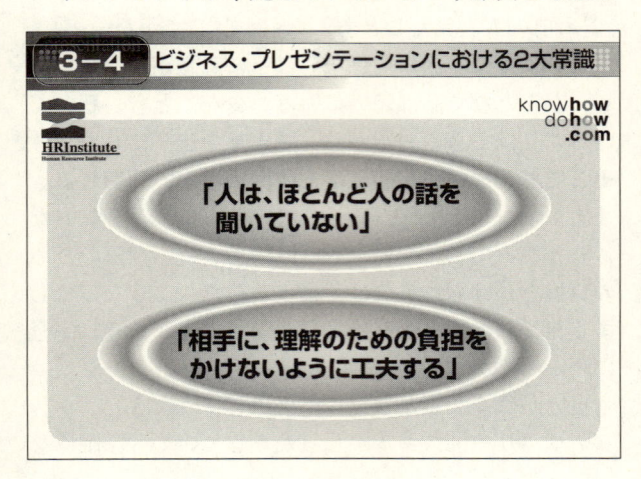

3-4　ビジネス・プレゼンテーションにおける2大常識

knowhow
dohow
.com

HRInstitute
Human Resource Institute

「人は、ほとんど人の話を
聞いていない」

「相手に、理解のための負担を
かけないように工夫する」

る。**人は、人の話を聞かないものだ。**

　この前提に立って、伝えるよう心がけよう。会社のトップや上司が、「なんで、こんなことも伝わっていないんだ！」と嘆（なげ）くのは、ムダ。リーダーたるもの、それが現実と受け止めよう。偉い人が話していれば、黙ってメモをとって聴いてもらえる時代ではないのだ。

　自分の言っていることが、伝わっていないのであれば、**自分の伝え方を変えるしかない。**面倒くさがらず、今の現場の人たちに伝わるシナリオを、興味を持ってもらえるように、自分を変えていかなければ、同じことを繰り返すことになる。

　人の話を真剣に聞ける人は、ほうっておいても進化していくタイプだ。そんな人ばかりが組織にいれば、苦労はない。そんなあり得ない状態は、早々にあきらめて、自分の伝え方を変えよう。先月の会議で言ったし、他の機会でも何度も口にしている。「これだけ話したのだから、現場はわかっているはずだ」。

　これは、甘い。聞くにも、レベルがある。右から左に流しても、聞いてはいるのだ。しかし、理解して実行に移すように聞く、というのは、かなりレベルが高い。目の前で、熱心にうなずいているこの人も、案外と聞いていないのかもしれない。

　自分の前提を変えることが、スタートだ。

第3章◎スキル2：シナリオ・スキル　　111

② わかりにくくしている原因

　では、相手を迷子にしないような伝え方で、気をつけることは何か。シナリオ面で、**迷子にする原因は、表現と構成のまずさだ。**

　まず、表現について、いくつかやってはいけないことがある。これがあったら、相手はわかりにくいと感じ、迷子になって、聴かなくなるだろう、という「べからず5条」。

「べからず5条」

①難しい表現
　（四文字熟語、専門用語、高尚（こうしょう）な言い回しなどの多用）

②あいまいな表現
　（頻度・回数・数量、固有名詞の多用、枕詞（まくらことば）など）

③否定的な表現
　（語尾が否定形、やる気をそぐ、自己防衛など）

④不快感を与える表現
　（差別用語、カタカナ用語、上から目線、企業目線など）

最後に、

⑤一文が長い文章
　（一文の中に、複数の要件が入っている）

研修では、それぞれ、どんな例が思いつくか、皆さんに考えていただく。業界や会社によっては、特定の言葉の意味が、世間からずれている場合もある。言葉は生き物だ。表現に気をつけないと、意図せず、マイナスイメージを与える可能性もある。

英語では、表現が「ポリティカリー・コレクト」か（習慣的に、信条的におかしくないか）どうか、をチェックする。

＊チェアマンは、チェアパーソン（男女の区別なく）
＊ハンディキャップは、チャレンジド・ピープル
　（ポジティブな表現に）

ただし……、セクハラやパワハラもそうだが、あまりいきすぎると、気疲れする。

日本でも、「クレーム」は、多くの組織で「ご指摘」「ご相談」「アドバイス情報」と言い直されている。確かに、せっかく気がついたことを、時間を使って連絡しているのに、それを「クレーム」として、カウントされているかと思うと、失礼な話だ。悪質クレーマーと十把ひとからげの扱いは、企業姿勢を問われる。

今や、ちょっとした不注意な一言が、あっという間に世界中に知れ渡る時代。ボイスレコーダーで録音もされれば、インターネットのブログにアップロード。もう止められない。社内会議の生々しいワンシーンを、携帯動画メールで、関係者やメディアに一斉送

信することもできてしまうのだ。

　密室政治をぶっこわせ！　Do not be evil ！

　Web2.0 バンザイ！の時代。

　ホンネとタテマエを、使い分けていられる時代ではない。心底、ホンネで向き合おう。**シナリオの表現は、オープンでシンプル**。もう１つ大事なのが、ショート。長い話は、敬遠される。一文もできるだけ、短く。

「課長、昨日、田中さんに会ったんですが、その前に会った山田さんと違って、田中さんとは初めてだっだので、どうしようかなと思って、山田さんはうちの提案に賛成だけど、田中さんが反対したら、この話はなくなると聞いていたので、まず山田さんに田中さんの考えを確認したほうがいいかも、と……それで、いいですか？」

　課長「……」（何を言っているのか。時間軸も、登場人物の関係もようわからん）

　これは、疲れる。解釈するだけで、かなり脳と時間を使う。

　それでは、このように言えばどうだろう。

「課長、A社への提案について、ご相談があります。まず、担当の山田氏に、キーマンの田中部長の問題意識を、確認したほうがいいと思うのです。課長は、どう思いますか？」

課長「なぜ、山田氏に？」
「はい、山田氏は私たちの提案に賛成です。でも、最終意思決定者は田中部長です。私たちは、田中部長の問題意識を、まったくつかめていません。昨日、田中部長と名刺交換しましたが、好意的とは言えませんでした。いきなり来週月曜日の提案は、危険だと思うのです」
　一文を短くし、具体的な表現を入れる。それだけで、伝わり方がぜんぜん違う。
　そして、短くするときに、必要なことは省略しないこと。これも大切だ。わかっているだろうと思って、**独りよがりに略さないこと**。たとえ短くても、２つ以上の解釈が成り立つ文章は、紛らわしい。ミス・コミュニケーションのもとだ。
　後輩の書いた「A社とB社は、ビジネス・パートナーです」という文章。短いのだが、解釈が複数ありえる。客観的に、２社の関係を言っているのか。それとも、A社・B社は、わが社にとってのパートナーということなのか。
「パートナー"同士"」なのか、「"わが社にとっての"パートナー」なのか。
　日本語は、省略が多く、句読点の打ち方でも解釈が変わる。**自分の書いた文章は、どのように読んでも、意味が１つだけか**。まっさらな気持ちで、読み直して

みる習慣を持とう。

ナビゲート
③ してくれない

　わかりにくくする原因の、もう1つは、構成（ストラクチャー）。**構成が見えない。構成がわかりづらい。**聴いていて、迷子になる。なぜか？

　ロードマップ（道筋）が示されていないからだ。今、全体のどこにいるのか、わからない。**わかりやすいシナリオは、ツリー化できる。**

　この本のはじめに、自己紹介について、説明した。あのときも、3つのパート＝総論・各論・結論で構成した。ここで言う総論には、最も言いたい主旨が含まれる。何を言いたいのかわかるようにする。最後の結論のパートは、未来へ向けてのビジョンを喚起したり、より具体的な動きを示すパートだ。

「私は、本日"日本の教育は、より自立型へ"という私の提言に関して、3つの視点でお話しします」

「1点目は、教師の皆さんへ。2点目は、子供たちへ。そして最後に、親御さんたちへのメッセージです」

　ここまでは、総論。そして、各論の3つに入っていく。最後に「だから、どうする」について、よりポジティブな未来へつなぐような具体的なプランを述べ

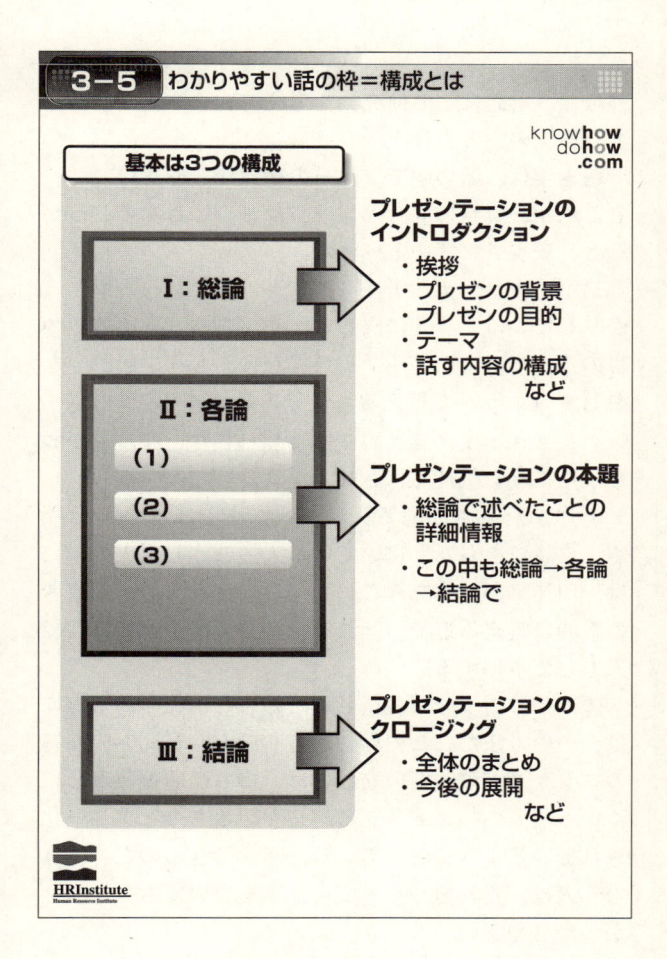

3-5 わかりやすい話の枠=構成とは

knowhow
dohow
.com

基本は3つの構成

I：総論

→ **プレゼンテーションのイントロダクション**
- 挨拶
- プレゼンの背景
- プレゼンの目的
- テーマ
- 話す内容の構成
  など

II：各論
(1)
(2)
(3)

→ **プレゼンテーションの本題**
- 総論で述べたことの詳細情報
- この中も総論→各論→結論で

III：結論

→ **プレゼンテーションのクロージング**
- 全体のまとめ
- 今後の展開
  など

HRInstitute
Human Resource Institute

る。
「今後、有志による研究会を考えていますので、もしもご興味のある方は……」

聴き手は、頭の中でツリーの構成がしやすい。

これが、資料の場合は、一番はじめに目次でしっかりと、表現されているべきだ。

途中で、たとえ迷子になっても、ナビゲートがしっかりしていると、元に戻ることができる。各論の1つ目の途中ではぐれても、2つ目から、もう1回聴きなおしてみよう、と思える。最後の最後に、3つのポイントをもう一度、まとめ直してくれれば、なんだかわかったような気持ちにさせてくれる。

著作がたくさんある人。ゴーストライターではなく、自説できちんと書いている人。こうした人の中には、口述筆記で本を起こしている場合もある。編集者の質問に答える形で、それを録音し、出版社のほうで入力して本にする。

頭の中に、十分に蓄積された知恵と情報のある方には、いい方法だ。この場合ももちろん、質問への回答のロジックが整っていなければ、のちのち編集がしにくい。質問へのアドリブの答えが、きちんとツリー化されているように話しているから、できるのだ。こういう人は、資料をつくっても、本を書いてもロジックがわかりやすい。

自分も、迷子にならないし、だから相手を迷子にしない。**いくべき到達点、外してはならない本道**。これを見失わないで、話を進めること。たまに脇道にそれても、それはそれでＯＫ。そのあと、必ず本道へ戻ってくる人は、落ち着いて聞いていられる。しかし、本人も「何でしたっけ？」な場合は、独りよがり。話したいことを、思いつきで話しているだけ。

　いつも、**幹**(みき)**を見失わないで、枝から戻る**。そして、木のてっぺんへ向かう。てっぺんまで行ったら、最後に**全体をまきもどして振り返る**。長いプレゼンテーションのときは、これをパート（章）ごとに、まとめとして入れる。くどいと思うかもしれないが、**重要なことは繰り返し伝える**。それぐらいで、やっと相手に伝わるものだ、と思うことが肝要だ。

3 次に、4W1Hでシナリオを創る！
～コンセプト＆ソリューション

① 4W1Hシナリオで全体を押さえる

「"1日差し上げますので、何でも好きなことをお話しください"と依頼されれば、今すぐにでも講演できる。しかしこれが、2時間といわれたら準備に2日間、1時間といわれたら5日間、1分間でといわれたら、10日間の準備が必要だ」

アメリカの著名スピーチ・コンサルタントの言葉だ。これはいったい何を意味しているのだろう。

たった1分で、一日中講演をしていたのと変わらない感動を与えるには、練りに練り上げなくてはならない。場数を踏んでいる人であれば、話をしながら聴衆の様子をうかがい、臨機応変に対応できる。興味のツボを見つけることが可能だ。

しかし、1分間だ。確かによくよく相手のことをわかって**準備をしない限り、大はずしをする可能性が大**。残り10秒で話の軌道修正はできない。自分に与えられた時間が短ければ短いほど、プロとしての力量が問われる。十分な下準備と、**一言もおろそかにしない言葉遣い**。1秒もムダにしない計算された一挙手一

投足。そして、入念なリハーサル。

「この提案のプレゼンテーション時間は15分です」というと、経験の少ない人ほど「えー！　そんなに話すことありませんよ」と言う。しかしフタをあけてみると、時間オーバーだ。慣れている人は、30分間もらえるよりも、15分間に自分の言いたいことを最も効果的に入れ込むことの難しさを知っている。

つまり、「何を言いたいのか」が、よほど明確になっていない限り、**時間オーバー**。かつ、時間を追加していくら説明しても、「何を言いたいのか」はますますわからなくなる。

「いったい何を言いたいわけ？」。こう言われてしまうのは、悲しい。イコール、双方にとって時間のムダだった、ということになるからだ。

次に、たとえ「言いたいこと」が明確だとしても、今度は**相手によって言い方を変えなくてはならない**。テーマに関して素人なのか熟知している人なのか、問題意識をどの程度持っている人なのか。具体的ケースを聞きたがっているのか、データによる客観性重視か。相手はいったい誰で、何を期待しているのかなど、いろいろな状況がある。

あなたも、はずしている営業トークや講演を耳にしたことがあるはず。ここぞとばかりに爆睡。これでは、お互い不愉快だ。たとえいい内容でも、馬の耳に

念仏。

　何はなくても、「WHAT」と「WHO」の押さえは、しっかり。そして、この２つの前提を含めて、提案全体のシナリオは、「**４Ｗ１Ｈの法則**」と覚えよう（図３－６）。

　◆誰に（が）？（WHO）→聴き手
　◆何を？（WHAT）→提案テーマ
　　　　　　　　　　　（商品・サービスなど）
　◆どうして？（WHY）→必要性
　◆どのやり方で？（WHICH）→選択肢
　◆どのように？（HOW）→計画（コスト・期間など）

　提案シナリオを考えるときは、この「４Ｗ１Ｈの法則」が自分の中で明確になっているか、一貫しているかチェックしよう。

　提案を成功させるためのＫＦＳ（成功要因）は何か？　先の「４Ｗ１Ｈの法則」に対する、自分なりの仮説を持つことである。もし、まだないのならば、つくることである。さらに、仮説をつくるに足る情報がまだ手元にないのならば、情報を集めること。

　なぜ、仮説が大切なのか。

　仮説がないと、いい質問ができないからである。

「うちの会社のことを、どう評価していらっしゃいますか？」

と聞かれて、まともに正直に返事する人は少ない。

3-6 ビジネス・シーンで最も多い「提案」のシナリオ

〈提案前提〉

「誰に何を伝えたいのか」

WHO
WHAT

↓

〈提案シナリオ〉

Part1：問題提起
「なぜ必要なのか」
WHY

Part2：ソリューション提示
「どれを選ぶのか」
WHICH

Part3：推進プラン共有
「どう実現していくのか」
HOW

提案シナリオは4W1Hだ！
WHO & WHAT & WHY & WHICH & HOW

3-7 提案シナリオを4W1Hのツリーで表現

knowhow
dohow
.com

WHY?
Part 1
問題提起
××だから必要です

証明する理由／根拠
なぜ必要といえるのか？
1. 根拠1
2. 根拠2
3. 根拠3

WHO?
WHAT?
○○さん
××すべきです

WHICH?
Part 2
ソリューション提示
3案から××を提案します

なぜその解決策なのか？
1. 3つのオプション
2. 1つを選択、その理由
3. 実施するベネフィット

HOW?
Part 3
推進プラン共有
××していけば××になります

本当に可能なのか？
1. 目標（ビジョン）
2. 実現に関わる強み
3. いつ誰がどうする（計画化）

HRInstitute
Human Resource Institute

しかし、"うちの会社よりも、Ａ社のほうを気に入っているようだ"という仮説を持っていれば、その仮説を検証するような質問ができる。
「Ａ社の〇〇という新製品が出たんですけれど、先日、うちの××と比較検討されるお客様がいらっしゃいまして……」などと呼び水になる話題を振ってみる。
「Ａ社さんの〇〇は、さすがに目をひくデザインで、ブログの口コミでもずいぶん話題になってました。そこでもうちの商品は、インタフェースは使いやすいと評価されてますが、ご存知のとおりデザインが……」
このように、集めた情報をもとに仮説を立て、それをぶつけてみる。こうすれば、Ａ社や自社に関する、またその製品に関する反応がある程度つかめるだろう。少なくとも、「うちをどう思いますか？」などという漠然とした質問よりも答えやすい。
４Ｗ１Ｈに対する仮説を立てて、それを検証するのが提案前のヒアリング。そこで得た感触と情報で、プレゼンテーションの提案シナリオを練り上げていこう。
いいシナリオかどうかは、どれだけ仮説が深く練られているか、にかかっている。
図３－８は、ソリューション型提案書の目次例だ。大きく３つのパートに分かれている。

3-8 ソリューション型提案書の目次例

◆ソリューション型提案書の基本構造

モノ提案書と比較して、全体に重くなります。

- ◆表紙
- ◆はじめに
- ◆目次

Part 1 問題提起 WHY

1. 本提案（○○○）の目的
2. ○○○の背景・動向
   1) マクロ環境
   2) 市場・業界環境
   3) 社内環境（与件の整理）
3. 現状からのファインディング

Part 2 ソリューション提示 WHICH

4. ベスト・ソリューションのための情報収集（リサーチ）結果
5. 取り組むべき課題の整理
6. ソリューション・オプションの提示
7. ソリューション・オプションの検証
8. ベスト・ソリューション案の概要
9. ○○○によるベネフィット
10. ○○○の特徴・コア・コンピタンス
11. ○○○サンプル・イメージ
12. ベネフィットの実績・他社事例

Part 3 推進プラン共有 HOW

13. 展開ステージの全体像提示
14. 推進体制＆スケジュール
15. ディスカッション・ポイント
16. （コスト概算）
17. 最後の愛あるメッセージ

相手のベネフィットを伝えるためのシナリオ。
相手の心理的疑問を1ページごとに晴らしていく。

> * Part 1　問題提起（WHY）
> * Part 2　ソリューション提示（WHICH）
> * Part 3　推進プラン共有（HOW）

それでは、3つの各パートを見ていこう。

② Part 1：
WHY（問題提起）

Part 1 の WHY（問題提起）では、聴き手の「なんで、うちにそんな提案が必要なんだ？」という疑問を払拭し、「まずい。うちもとり組まないといけないぞ」という揺らぎを感じていただく目的がある。

聴き手のほうに、この提案テーマに対して問題意識が十分にあり、依頼された提案でない限り、このパートを乗り越えられるか、が関門だ。ここで、撃沈するケースも多い。その分かれ目は、ベネフィット＝相手のほしいソリューション、がとことんわかっているか、が勝負なのだ。

相手のことを、どこまで知っているか。相手の言葉を使って、どんどん表現しよう。キーパーソンの問題意識や、タイプによって、同じ目的でも集めるべきデータ（情報）は違う。つまり、このキーパーソンの琴線に触れる「AHA！」な、メッセージは何なのか。何

がキラーメッセージなのか、によって変わってくるのだ。

顧客満足と日夜真剣にとり組んでいる上司Aと、役員になりたいという強い出世意欲の上司Bとでは、同じ目的を提案するにしても、伝え方は変わってくるはずだ。何が、心をくすぐるのか。何を根拠とすれば「なに!?」と動きだしたくなるのか。

「CSR（企業の社会的責任）プロジェクトの強力な推進」という目的を伝えるにも、相手によって「なぜ、今CSRプロジェクトが必要なのか？」についての見せるべき根拠は変わってくる。

 a．CSR浸透の甘さから、重要なお客様への直近半年のご迷惑の現状を事実として次々提示する
 b．会長・社長の問題意識が、CSR推進にあることを事実として提示する

上司Aに、bの事実を提示しても、「それで？」だろう。同様に、上司Bに対して、aの事実を、徹底的に見せても、「がんばってくれたまえ、以上」となるだろう。

いいシナリオは1つではない。相手に、「なるほど、必要だ！」と思ってもらうにも、相手のことをとことん知らなければ、労多くして功少なしになる可能性あり。

提案の場合、与えられた時間には制限がある。同じ

時間を、**どれだけ有効な情報検証に使えるか**、で勝負が決まる。そして、Part 1 終了時に、「なるほどね」と思ってもらえた場合のみ、Part 2 が意味を持ってくる。

③ Part 2：WHICH（ソリューション提示）

　Part 1 で収集された情報を、提案に結びつけるところにシナリオの核がある。「データや情報はわかった。必要性もまぁ、わかった。で？」という気持ちになっている聴き手に、納得のロジックで、Part 2 のソリューション提示（WHICH）へと進めるのだ。

　ここでいきなり、落としどころを提案しないこと。

　より具体的に仮説を裏づけていくために必要な情報を集める。たとえば、社内やお客様の生の声やアンケートなど。こうしたアナログ＆デジタル情報を整理していくときに重宝するのが、分析ツールたちだ。

　中でも、課題ツリーやソリューション・ツリーは、うまくはまるとシナリオ全体を引き締める力がある。ツリーが、上から無理なく納得できる枝分かれで、今回提案する商品に結びついているかどうか。ただし、ここで無理やり自分たちの持っている商品のラインナップを意識したツリーにしてしまっていると、見え見え。一気に客観性がなくなり、説得力が消えうせるの

第3章◎スキル2：シナリオ・スキル　129

で要注意。

　提案は、ともかく**商品ありきのシナリオにしないこと**。結果は同じだとしても、顧客の課題からきちんとブレークダウンするシナリオが大切。**目線はあくまで、パートナーの目線で。**

　だから、**選択肢（オプション）という考え方**が出てくるのだ。あくまでも、選択するのはお客様。決断するためのディスカッションに足る情報を整理し、まとめて提示しているのだ（とはいっても、こちらの仮説を中心にシナリオは組み立てられているが）。

　Part 2で一緒にディスカッションし、選択する場に参加することが大切。これでホンモノのパートナーとなる。

　提案書の中で、シナリオの流れをわかりやすく示すのが、「**課題〜ソリューション・ツリー**」だ。お客様の最重要課題をトップに持ってきて、それを3つにブレークダウンする。そして、その重要課題をまたブレークダウンする……。

　これを繰り返し、4・5階層目あたりにくると、課題というよりも、すでにとり組むべき具体的な施策＝アクションに落とし込まれてきているはず。

　その中で、うちは一体どのようなお手伝いができるのか。どこの施策の部分に対して、うちのどの商品・

サービスで貢献できるのか。これが見えてくる。顧客の課題を解決するための自社の商品やサービスを具体的に示すことができるわけだ。

これを、課題〜ソリューション・ツリーと呼んでいる。一番右端には、対応する商品やプログラム名が書かれる（いやらしくない程度に）。

もしも、自社で対応できる商品やプログラムがない場合は、新商品開発かパートナーの必要性を示唆しているのかもしれない。このような議論にも使うことができる。

こうして、ツリーで整理された課題や施策は、すべて一度にとり組むわけにはいかない。今、何が大事な

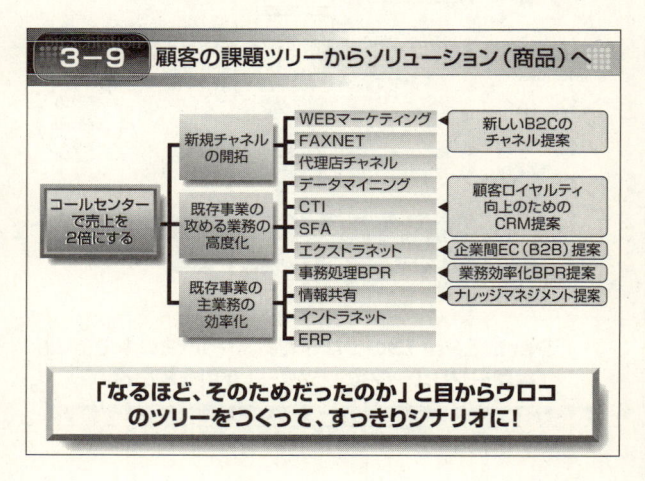

3-9 顧客の課題ツリーからソリューション（商品）へ

```
                  ┌─ 新規チャネル    ┬─ WEBマーケティング  ┐
                  │  の開拓         ├─ FAXNET          ├→ 新しいB2Cの
                  │                └─ 代理店チャネル    ┘  チャネル提案
                  │
コールセンター    ├─ 既存事業の    ┬─ データマイニング  ┐
で売上を         │  攻める業務の  ├─ CTI              ├→ 顧客ロイヤルティ
2倍にする        │  高度化        ├─ SFA              ┘  向上のための
                  │                └─ エクストラネット  →  CRM提案
                  │                                       企業間EC（B2B）提案
                  └─ 既存事業の    ┬─ 事務処理BPR      → 業務効率化BPR提案
                     主業務の      ├─ 情報共有         → ナレッジマネジメント提案
                     効率化        ├─ イントラネット
                                   └─ ERP
```

「なるほど、そのためだったのか」と目からウロコのツリーをつくって、すっきりシナリオに！

3-10 コンセプトの体系化へ

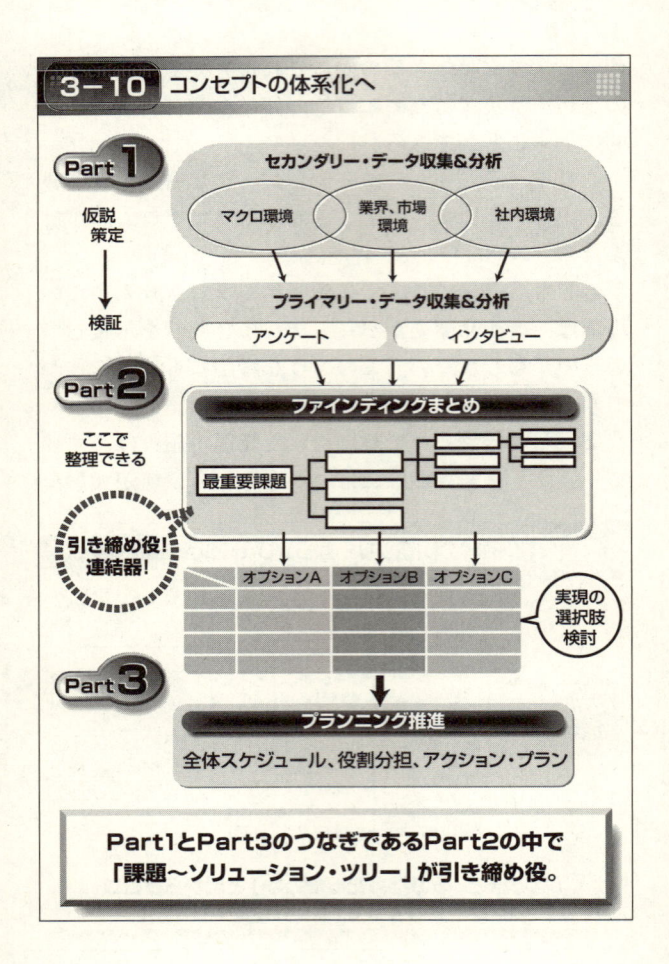

Part 1
仮説策定
↓
検証

- セカンダリー・データ収集&分析
  - マクロ環境
  - 業界、市場環境
  - 社内環境

- プライマリー・データ収集&分析
  - アンケート
  - インタビュー

Part 2
ここで整理できる

- ファインディングまとめ
  - 最重要課題

引き締め役！連結器！

	オプションA	オプションB	オプションC

実現の選択肢検討

Part 3

- プランニング推進
  - 全体スケジュール、役割分担、アクション・プラン

Part1とPart3のつなぎであるPart2の中で「課題〜ソリューション・ツリー」が引き締め役。

のか。この判断をしてもらうために、オプション（選択肢）という考え方で整理する。このあたりは、マトリックスを活用する。
「どれでいくんですか？」「どこにフォーカスするんですか？」という差別化されたコンセプトを導き出すために、このツリー化の手法を使おう。ツリーは提案書の引き締め役だ！

　現状を分析して課題や施策を整理したからといって、スパッと会社の方向性が決まるわけではない。ディスカッションでもしながら、「よし！　これだ！」となるまでには、ケンケンガクガクの道を通らざるを得ない。

　そのときのベースとなるのが、オプション・マトリックスだ。要するに**選択肢をマトリックス**にしたもの。オプション・マトリックスに基づいて、あーでもない、こーでもないと議論していき、そして、そのうちのただ１つを決めるのだ。本当は最初から決まっているが、一応議論するために、無理やり他の２つをくっつけるというのはダメだ。それではオプション・マトリックスにならない。とにかく、当て馬ではなく、真剣勝負の議論となるオプションであるべきだ。

　オプション・マトリックス作成には大きく５つのステップを踏む。ここでは、わかりやすいように社員旅行のオプション・マトリックスを例に考えてみよう。

オプションはＡＢＣの３つをあげることとする。

＊ステップ１）　タイトルをつける

そのオプションに「一言でいえば」というタイトルをつけるのだ。「秋のゆったり温泉の旅」「アクティブ・アジア旅行」などだ。これを思い切ってステップ１でやるのだ。縦軸を意識してこのオプション・マトリックスを作成するためにも、大きくタイトルを用意したほうがよい。あくまで仮説だ。

＊ステップ２）　オプションの項目を決める

縦軸に何の項目を置くのかを考える。旅行といえば、行き先、価格、宿泊先、時期、目的などがあげられる。

＊ステップ３）　各項目の具体例をあげる

ステップ２であげた項目について、オプションＡから項目を埋めていく。

オプションＡの場合は、行き先は関東温泉街、価格３万円程度、和風旅館、今年秋、リラックスという具合だ。行き先はオプションＡどこどこ、Ｂどこどこ、Ｃどこどこ、というように、決して横軸だけで埋めないように。

＊ステップ4） タイトルの見直し

再度、タイトルの見直しをする。言葉のニュアンスや特徴を精緻化する作業だ。

＊ステップ5） 関係者全員でディスカッション

オプションA、B、Cのどれを選択するかについて、全員でディスカッションを行う。それにはまず、それぞれの各項目を4段階（◎○△×）で評価し、最後に通して全体の評価をつける。

なぜ、この提案が出てきたのか、その流れの説得性を高めるのが、ツリーとマトリックスだ。「これだ！」という差別化されたコンセプトを導き出すために、ツ

3-11 オプション・マトリックスの例

	オプションA	オプションB	オプションC
行き先	関東温泉街	近場のアジア	近場の海外リゾート
価　格	約3万円	約7万円	約7万円
宿泊先	和風旅館	DXホテル	コテージ
時　期	今年秋	今年春	今年夏
目　的	リラックス	カジノ・ショッピング	リゾートスポーツ

→ 秋のゆったり温泉の旅
→ アクティブ・アジア旅行
→ 青い海 真夏の海外リゾート

リーとマトリックスは必要不可欠なツールである。

④ Part 3：
HOW（推進プラン共有）

WHICH（ソリューション提示）のパートで、パートナーとして、**一緒に考える場ができ上がる**。そして、ここから求められるのは、まさにこの場がキックオフ・ミーティングのようなムードをつくり上げることだ。

Part 2で「なるほど、なかなかこのオプションBは、いいぞ」と思ってもらえても、いざ実行に移す、となるとひるむのが人情だ。「いや、やっぱり面倒だ。副社長は、難色を示すだろう」「現場の混乱が予想できる」など、いくらでも、着手しない理由は考えられる。

コンサルタントとは、「変化・進化」を提言し、動きだしてもらうことを主な目的とする職業だ。ゆえに、保守派との対立や、従来派の抵抗は、つきものである。

どんなにいい提言であっても、実行となると話は違う。**頭ではわかっていても、体がついていかない**、という状態。何かを変えていくということの具現化プロセスには、**さまざまな軋轢や阻害要因**が考えられるはず。

その阻害要因を一つ一つ、しっかりと押さえる。そして、解決のための可能性を、提示する。決して、お気楽な提案をしているのではないこと。しっかりと、現実をわかっていること。こうしたことを、伝えよう。

　そしていつも、目的へ意識を引き上げる。こうなる*!* というビジョンを具体的に示して、「いやー、大変そうだが、でもやっぱりこの実施によって、現場が×××になるのであれば、やる価値はあるな！」というように、先の**イメージやビジョンを共有できるか**どうか、が大切なのだ。

　いついつまでに、誰がどうする、という具体的なアクション・プランの提示もキーだ。このプランがあいまいだと、「いい提案ですが、またゆっくり検討しましょう」になってしまう。しかし、このプランが仮の日付入りで書かれていれば、いやがおうにも気になる。

　「6月14日の午後は、社内イベントがあるので、その前後にずらすことは可能かね？」なんていう言葉が出てくれれば、しめたもの*!*

　一気に**具体的な進め方や将来データ＆ビジョン**を、仮説として投げかけていこう。そして、最後の不安をとり除こう。「わたしたちが、一緒にこのようにご支援していきます。ご安心ください」と言って、あいま

いにしない。

　何が不安なのか、をしっかりと汲みとる。そのためにも、最後には「ディスカッション・ポイント」を入れて、**じっくりと不安要素について、議論＆意見交換**することが大切。

　急いてはことを仕損じる。

　せっかく、Part 2でパートナーとなれたのに、最後にあせって台無しにしないように。とことん、納得してもらえるように、意見交換しよう。あくまでも「これはたたき台であり、仮説の1つですから、他の選択肢もあります」という道を、残しておくこと。

　決してお客様を、「イエスかノーか」と、追い詰めてはいけない。

　信頼関係が重要。ここで急かされて、あとで何か起こったときに「あー、やっぱり」という気持ちになり、責任を転嫁してくる可能性もある。あくまでも、自分の都合ではなく、相手の気持ちを汲みとって、気持ちよくプロジェクトをスタートしてもらうように。

④ パワーポイントで魅せる
～次のスライドへの期待を高める

① 1枚のスライドから何が見えるか

これまでのプレゼンテーション・スキルの本で語られたツールは、ほとんどがOHPどまりだった。しかし、ここまでパソコンが必需品になり、液晶技術が進化すると、やはりプレゼンテーションのツールも変わらざるを得ない。

現在、ほとんどの企業が、プレゼンテーションにパワーポイントを使っている。パワーポイントと液晶プロジェクターでのプレゼンテーションは、楽だし、わかりやすい。

「会して議せず、議して決せず、決して行わず」。これが会議なり、といわれて久しい。それだけ、**日本の会議は、時間のムダが多い**。そもそも、真のリーダーシップのないトップが、会議をやったところでムダに決まっている。馴れ合い、リスクのたらい回し、管理の正当化の会議だ。

そこで、パワーポイント登場。OHPよりも字が大きい。年寄りの多い日本企業の役員会には、それだけでいい。それに**資料をむやみにコピーしなくていい**。

どうせ、会議が終わっても読む人なんかいやしない。
　会議がはじまる前に資料を机上に配布しておく企業が圧倒的だが、できれば避けたい。席につくなり、会議がはじまる前に、皆、さっさとページをめくっている。そして、あっこれか、この結論はこうだ！と詳細を見ずに勝手に決め込んでいる。そして、年寄りの役員はお疲れ気味。コクリコクリと船を漕ぐ。ロウ＆ロウ。
　資料はパワーポイントでつくって、できれば配らない。ページが送られて出てくる。資料がないから見るしかない。寝られない。シナリオ性は、ＯＨＰよりも増す。もし、関連するデータがほしいといわれても、パソコンに入っていればクリックすればいいし、ＬＡＮで接続してあればイントラネットやグループウェアでデータベースにアクセスすればいい。

「伝えたいこと」の本質を、きちんとムダなく伝えるのが**"エッセンシャル・コミュニケーション"**。これを提案書に落とし込むには、2つのスキルが求められる。
　スキル1）全体を通して一貫した「WHAT」を表現
　　　　　するフロー
　スキル2）1ページごとに、最も言いたい「WHAT」
　　　　　を表現するテクニック

3-12 1ページ1メッセージが原則

WHAT

1. 提案全体を通して一貫して「伝えたいこと」が1つ！

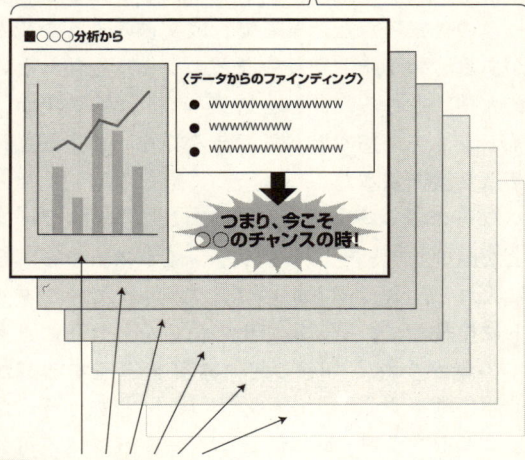

■○○○分析から

〈データからのファインディング〉
- wwwwwwwwww
- wwwwwwwwww
- wwwwwwwwww

→ つまり、今こそ○○のチャンスの時！

2. 1ページごとに
その1枚で「言いたいこと」が1つ！
→その1つ1つをつなぐと 1 へ統合される。

**多くの情報を1ページに盛り込まない。
ページが増えても、「言いたいこと」はページに1つ！**

各ページの「WHAT」が束ねられると、全体の「WHAT」へと統合されるシナリオ。これが美しい。聞いていて自然で、わかりやすい。

　伝えたいことが伝わらない原因のトップは、情報過多。まず、**文字が多い。グラフや表もやたら多い**。紙ベースの提案書だと、まるで行政文書のような読み物型がある。スライドショーなどのツールを使わないのは、大損。もちろん、ケース・バイ・ケースだが、スライドショーを基本として考えるくらいの意識と行動改革は会議の基本だ。

　パワーポイントのスライドでは、字は18ポイント以上が原則。チャートやグラフ、イラストや写真を豊富に入れる。スライドからワンクリックでインターネットに接続して、その場で生の情報を見せることも。文字の量が少なくなるので、**言葉を厳選する癖がつく**。わかりやすくて、伝わるメッセージを使う。これが、エッセンシャル・コミュニケーションに不可欠なのだ。

　パワーポイントなどのプレゼンテーション・ソフトを活用して資料作成することが、スタンダード。これは、国際コンベンションやイベントの会場を覗けば一目瞭然（反対に、手書きOHPだったら、とってもレトロ）。

　営業訪問の場面でも、たくさんの資料を持ち運ばず

に、ノート型ＰＣ１台でＯＫ。意図した興味と違うことに気づいた場合、その場で他の商品を紹介することなどが簡単にできる。以前ならば、「それでは、また次回資料をお持ちいたしますので」などということになり、お互いに時間のムダ。タイミングを逸する可能性もある。もったいない。

　エッセンシャル・コミュニケーションは、あらゆる人間関係で役に立つ能力だ。ＨＲインスティテュートでは、メールを大量（約500通／日）に使っている。メールはなくてはならないツール。メールの内容を見ると、**文章の書き方の要領の悪さや文章のムダに気がつく**ようになる。移動や会議の合間に、長々としたメッセージを受けるのは苦痛だ。簡潔に心地よく伝え合う。**言葉のサビや垢(あか)を、そぎ落とす組織文化は大切**だ。

　パワーポイントの優れたところは、まず、簡単に資料の**ビジュアル化**ができることだ。図を描いたり、飾り文字にしたり、色をつけたり、そしてアニメーション効果で動きをつけることができる。
　ＨＲインスティテュートのコンサルタントたちも、ほとんどパワーポイント（エクセルのデータもよく合体させる）でプレゼンテーションのための企画提案書や報告書を作成する。パワーポイントならスライドを自

由に入れ替えることができるし、過去に作成した**データも容易にとり込むことができる**ので、シナリオを考えながらの作業が可能だ。

そして、2～3人の少人数、もしくは50人を超える大人数の聴き手であっても、人数にかかわらず、スライドショーでの**動きのあるプレゼンテーション**が可能になる。

また、パワーポイントはビジネスの場で重宝がられているだけではない。アカデミックな場面でも活用されている。ある社会人大学院では、チームごとでバーチャルの企業経営を行うというビジネス・シミュレーションゲームを授業にとり入れており、期の最後には設定されたボードメンバーに業績をプレゼンテーションすることが要求されている。

いくつかのチームが同時期に別室でプレゼンテーションを行うが、プレゼンテーションの内容はもちろんのこと、各チームのプレゼンテーション・スキルについても評価の対象となる。資料を配布して行うチーム。OHPを使って行うチーム。その中で、教授をはじめとする聴き手からの評価が高いプレゼンテーションは、パワーポイントとプロジェクターを活用したものだ。

動きのある立体的なドキュメンテーションが可能となり、わかりやすく印象的なプレゼンテーションがで

3-13 パワーポイントのメリット・デメリット

PowerPoint の メリット

1) 先進的	「今どき、OHP?」「さすが、デジタル時代」
2) スライドショー	「目と耳から同時に情報が!」
3) わかりやすい	「グラフやチャート」「シナリオが流れる」
4) 愉しい	「音やビデオも、インターネットも」
5) 誤解が少ない	「みんなが同じスライドを共有」
6) 眠くならない	「次は、何かな?」
7) 主導権を握れる	「ペースや論理展開がこちら側」
8) 速くてもわかる	「なんか、わかった気になる」
9) 意思疎通しやすい	「双方向コミュニケーションがとりやすい」
10) 提案書共有がラク	「スライド1枚単位でコピーできる」

PowerPoint の デメリット

1) つくるのが難しそう・時間がかかりそう
2) 一方的な押し付けの流れになりそう
3) プロジェクターやパソコンが必要
4) 相手が驚いて身構えてしまう
5) プレゼンの時間が長くなりそう
6) 枚数が多くなるので、紙が多くなる
7) 紙がひとり歩きしたとき、言葉たらず

きる。そのチームのプレゼンテーションの評価がＡＡだったことは、いうまでもない。

このようにパワーポイントは、従来のプレゼンテーションのスタイルを根本から変えてしまった。プレゼンテーションに最適なアプリケーションであり、今やビジネスではほとんどが、このソフトを活用してプレゼンテーションのためのドキュメント作成を行っているといっても過言ではない。

② 見習うべきは、紙芝居のおじさん

１スライド１メッセージが、重要。

その上で気をつけてもらいたいのが、ぶつ切りにならないこと。先のスライドと今のスライドとの関係。ここで迷子にしないこと。シナリオは流れだ。１枚１枚が、つながって１つのシナリオになっている。

どうもスムーズに流れない提案書というものをよく見かける。聴き手は、何か腑に落ちない状態になる。混乱してくる。１枚１枚はキレイだし、よくわかる。しかし、まとめてみると、よくわからないのだ。

こうならないように、真似すべきロール・モデルは、紙芝居のおじさんだ。ストーリーテリングの手法に、**ナラティブ・スピーチ**というものがある。言葉と言葉の間をつなぐ。ストーリー＝物語性を喚起するよ

うな言葉をおぎなう。
「このような厳しい経営環境のもと、だからこそ！今、必要なのは……」
とか、
「ここまで社内の状況を見て、"本当にできるのだろうか"と不安に感じている方もいると思います。そこで、ここからはいかなる状況をも乗り越えて、こんなに変わった！という他社事例を共有することで、何かヒントを見つけていきましょう」
　などのように、スライドからスライド、また章から章へ移るときに、これまでとこれからの、**関係性を物語のように、紡いでいく**のだ。そうすると、次の展開に興味を持つ。また、これまでのスライドにも、さらに意味が加わる。こうして、スライドの言葉の意味を深めていくのだ。
　紙芝居のおじさんのような、ストーリーテラーになろう。ウキウキワクワクして、「次が見たい！」と思ってもらえるような資料をつくり、イメージが思い浮かぶように、メリハリをつけた声とビビッドな言葉で脳を刺激しよう。

③ 提案書のシナリオ・サンプル

　シナリオといえば、映画、ドラマ、小説。小学校の

国語では、「起承転結」が基本と学んだ。しかし、ビジネスで求められるシナリオが「起承転結」では困る。最後まで聴かなければ、賛成なのか反対なのかわからないとなっては困るのだ。しかも、その結論の前には、なんと「転」があって、それまでの流れから一度離れてしまうのだ。
　これでは、聴いているほうはたまったものではない。
　つまり、「起承転結」はビジネスには不向き。「起承転結」は映画や推理小説や韓流ドラマのように最後までひっぱってひっぱってついてきてもらいたいシナリオの場合に有効なのだ。
　ビジネスでは、総論・各論・結論の３つのパートでまとめる。そしてこの場合、総論の中に主旨は含んでおり、最後の結論というのは、これからの展開やまとめという意味といえよう。
　多くのビジネスパーソンにとって、最もよくあるプレゼンテーションの機会といえば「提案」だ。提案には、営業提案、事業企画、社内プロジェクト提案……などなど。相手が社外か社内か、軽めのものから重いものまである。
　不動産会社への新規事業提案をフォーマットで示しているので、その構成を見ていこう。
　先の「４Ｗ１Ｈの法則」を思い出してほしい。
　提案書のシナリオは、大きく３つのパートに分けら

れる。ベースは、総論・各論・結論だ。

* Part 1　問題提起（WHY）
* Part 2　ソリューション提示（WHICH）
* Part 3　推進プラン共有（HOW）

　ＡＢＣ不動産株式会社様向けの事業パートナーとしての提案書の目次が図３−14だ。
　Part 1の問題提起には、セカンダリー・データとプライマリー・データの収集という調査結果が含まれる。客観的に経営環境を押さえ、相手がなんとなく感じていた問題意識や「うちも何かはじめないと」とい

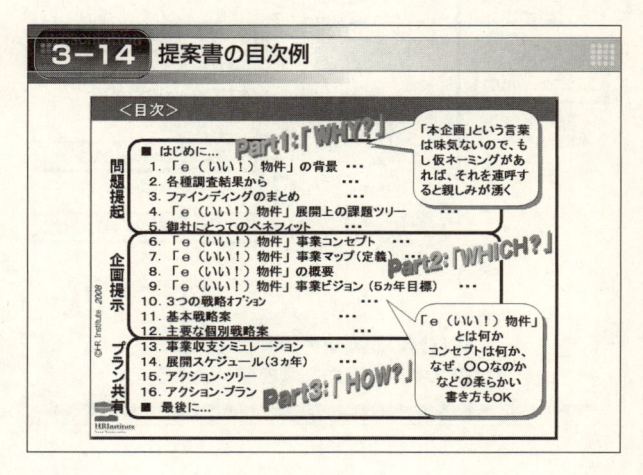

3-14　提案書の目次例

＜目次＞

問題提起
■ はじめに...
1. 「e（いい！）物件」の背景 …
2. 各種調査結果から …
3. ファインディングのまとめ …
4. 「e（いい！）物件」展開上の課題ツリー …
5. 御社にとってのベネフィット …

Part1:「WHY?」

企画提示
6. 「e（いい！）物件」事業コンセプト …
7. 「e（いい！）物件」事業マップ（定義）…
8. 「e（いい！）物件」の概要 …
9. 「e（いい！）物件」事業ビジョン（5カ年目標）…
10. 3つの戦略オプション …
11. 基本戦略案 …
12. 主要な個別戦略案 …

Part2:「WHICH?」

プラン共有
13. 事業収支シミュレーション …
14. 展開スケジュール（3カ年）…
15. アクション・ツリー …
16. アクション・プラン …
■ 最後に... …

Part3:「HOW?」

「本企画」という言葉は味気ないので、もし仮ネーミングがあれば、それを連呼すると親しみが湧く

「e（いい！）物件」とは何かコンセプトは何か、なぜ、〇〇なのかなどの柔らかい書き方もOK

第３章◎スキル２：シナリオ・スキル

3-15 提案シナリオ・ツリー

7つの必要スキル&能力

WHO / WHAT
○○向け××の提案

① エッセンシャル・コミュニケーション力
- *課題体系化
- *本質の見極め

WHY / Part1 問題提起

② セカンダリー・データ収集力
- *アナログ(本、雑誌……)
- *デジタル(インターネット、DB……)

③ 仮説策定&検証力
- *カードBS
- *質問

WHICH / Part2 ソリューション提示

④ プライマリー・データ収集&分析力
- *インタビュー(定性調査)
- *アンケート(定量調査)

⑤ ソリューション・コンセプト策定力
- *課題〜ソリューション・ツリー
- *オプション・マトリックス

HOW / Part3 推進プラン共有

⑥ コンセプト具現化力
- *コンセプト・ツリー

⑦ スケジュール&プラン化力
- *アクション・プラン化
- *ディスカッション・ポイント

4W1Hの提案シナリオ・ツリー。
7つのスキル&能力に磨きをかけよう。

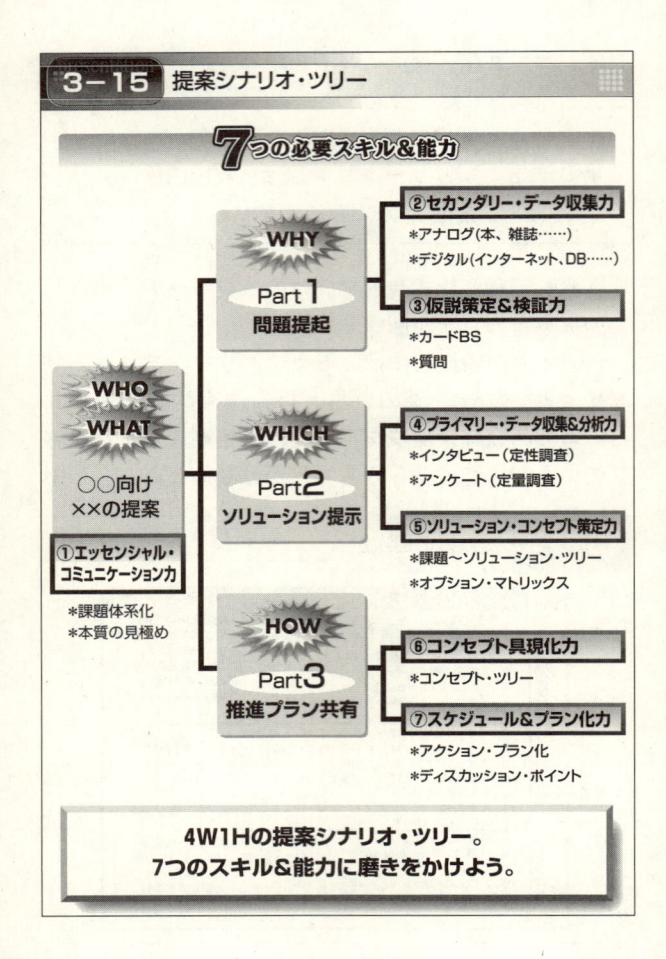

う不安感を、はっきり持っていただくことを狙いとしている。

このときに、データに基づく客観性と、生の声をふんだんにとり入れた現場感覚という両面に訴えかけていくシナリオが有効だ。

問題意識を喚起し、共有できたあとの Part 2 は、やろうとしていること自体（WHAT）と、それをどう成功へ導いていくかの戦略のオプション（WHICH）を提示して、お互いに事業のパートナーとしてディスカッションを深めていく大事なパートだ。

ここで深くて具体性が感じられるディスカッションができるためには、これまでのさまざまな情報がわかりやすく整理・体系化されている必要がある。

いいディスカッションができて、だいたいの方向性を共有することができれば、あとはどう実現していくのか、という Part 3 に入る。

提案のシナリオは、社内向けであれ社外向けであれ、テーマが多様であっても、**基本的に WHY → WHICH → HOW** だと覚えておこう（図3-15）。

先のＡＢＣ不動産株式会社様向け提案書の事例として、「松」「竹」「梅」のうち「竹」と「梅」を載せておいたので、参考にしていただきたい。

竹

ABC不動産株式会社御中

顧客主導型の不動産流通革命を実現する

インターネット不動産サービス
「e（いい！）物件（仮）事業」
ご提案

○○年X月△日

株式会社HRインスティテュート
不動産事業部

---

1. 「e（いい！）物件」の事業概要

本事業のサービス利用イメージ、xxxxxxxxxxxxxxxxxxxxxxxxxxxxxxxx
xxxxxxxxxxxxxxxxxxxxxxxxxxx

<サービス利用イメージ>

*30代女性会社員シングル
「もっと都心のアクセスのいい場所への移転を考えている。最も適した物件をインターネットで検索」

*40代男性DINX
「自分の住処としてのマンションを考えている。物件自体、付加価値サービスが要！ライフスタイルをおしゃれに演出できるようなマンションを情報交換コミュニティで知りたい。実際すんでいる人などからの情報収集」

<サービスメニュー案>

1. オンライン仲介サービス　・売りたい物件の所有者と買いたいユーザーのマッチング
2. 適正価格調査　・売りたい、買いたい物件の適正価格を調査
3. 物件なんでもフォーラム・購入物件についての感想、周辺情報など意見交換の場

<ビジネス構造>

個人消費者からの会費は月額500円。物件売買に限らず、メンテナンス情報やハウスクリーニング情報の入手および手配なども出来るようXXXXXXXXXXXXXXXXXXXXXXXXXXX

e(いい!)物件ネット

- 物件情報提供
- 売買取引仲介
- 関連サービス提供
- 不動産情報データベース
- 利用者コミュニティ

業務ビジネスパートナ
- ●当社販売センター
- ●メンテナンス企業
- ●リフォーム企業
- ●ハウスクリーニング企業

情報提供 ⇔ 紹介料・広告料

個人消費者
- ●情報提供および情報収集
- ●物件の売買
- ●各種サービス利用

情報・サービス提供 ⇔ 会費

---

2. 御社にとってのベネフィット

ベネフィットとは、トク・利便性XXXXXXXXXXXXXXXXXXXX
XXXXXXXXXXXXXXXXXXXXXXXXXX

<御社を取り巻く経営環境>

- ■大手がマンション事業に資源を集中させてきている
- ■減税により、かけこみ需要が起きている。
- ■XXXXXXXXXXXXXXXXX
  XXXXXXXX

<御社の経営課題>

1. 販売店維持のコストが増加している。
2. 仲介手数料の比率が増え、利益を圧迫している
3. XXXXXXXXXXXXXXXXX
   XXXXXXXXXXXXXXXXX

<「e(いい!)物件」の意味>
「e(いい!)物件」は、御社にとって大きな仕組みの転換となる事業であり、販売代理店にとってXXXXXXXXXX
XXXXXXXXXXXXXXXXXXXXXXXXXXXXXXXXXXXXX
XXXXXXXXXXXXXXXXXXXXX

第3章◎スキル2:シナリオ・スキル　153

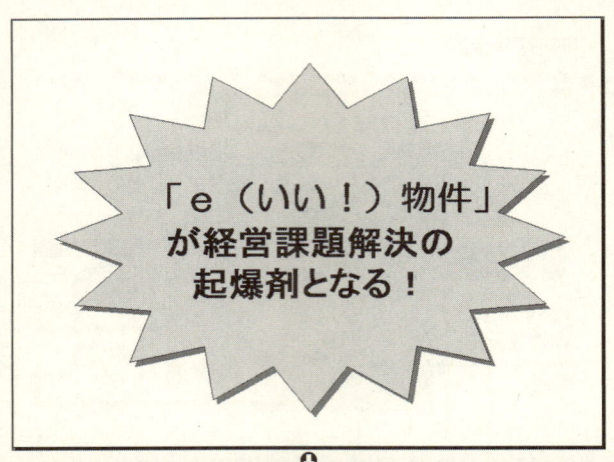

「e（いい！）物件」が経営課題解決の起爆剤となる！

3.「e（いい！）物件」展開上の課題ツリー

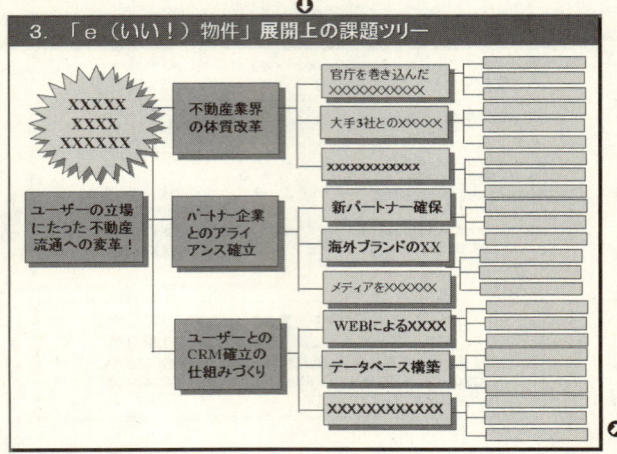

- XXXXX XXXX XXXXXX
- ユーザーの立場にたった不動産流通への変革！
  - 不動産業界の体質改革
    - 官庁を巻き込んだXXXXXXXXXXX
    - 大手3社とのXXXXX
    - XXXXXXXXXXXX
  - パートナー企業とのアライアンス確立
    - 新パートナー確保
    - 海外ブランドのXX
    - メディアをXXXXXX
  - ユーザーとのCRM確立の仕組みづくり
    - WEBによるXXXX
    - データベース構築
    - XXXXXXXXXXXX

154

4.「e（いい！）物件」事業ビジョン（5カ年目標）

理念と目標をあわせてビジョン××××××××××××××××××××××××××××××××
××××××××××××××××××××××××××××

理念： 日本の中古分譲マンションを中心とした
　　　　　　　　不動産流通構造の変革！

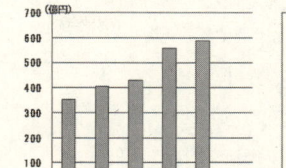

〈定量目標〉　　　　　　　　〈定性目標〉

1. 相対的安定シェア41.7％獲得

2. ××××年には販売
   チャネルを××××
   ××××××××

3. 透明性！オーナー＆
   住む人のための不動産
   流通の確立！

5．3つの戦略オプション

戦略体系の第一歩は、3～5の戦略の選択肢を徹底的にディスカッションすることから
××

戦略テーマ	オプションA	オプションB	オプションC
パートナー	業界大手3社	新規参入＋海外	グループ企業
ビジネスモデル （収入源）	広告収入 法人への情報提供料 中心	インターネットによる 物件販売および 情報提供	インターネットによる 物件販売および 情報提供…………
商品サービス	サービスを フルで展開	サービスを 絞り込んで 提供（リフォーム）	WEBの使い 勝手を重視
プロモー ション	各種雑誌などを 通して認知度を あげる	セミナー＆イベント＆DM での直接訴求	セミナー＆イベント中心 関連子会社を通じて 認知を高める
組織	別会社化 専用スタッフの 新規拡充	組織再編による 人員確保 社長直轄プロジェクト	海外ブランド提携 組織再編による 人員確保と新規採用

| 戦略タイトル | リーダー戦略 | チャレンジャー戦略 | ニッチャー戦略 |

第3章◎スキル2：シナリオ・スキル　155

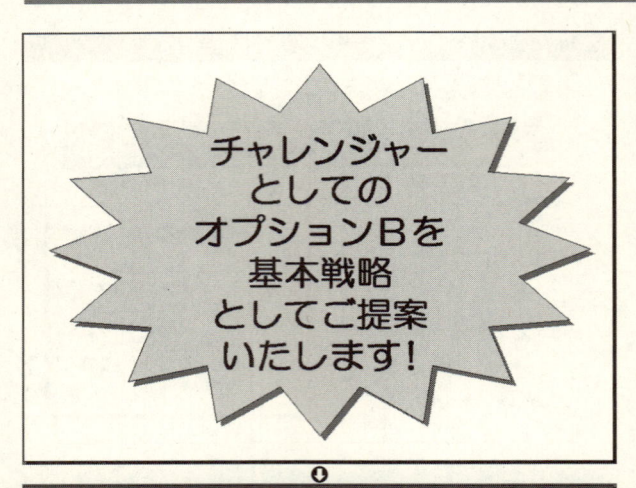

> チャレンジャー
> としての
> オプションBを
> 基本戦略
> としてご提案
> いたします！

6. 基本戦略案

あえてオプションBを選んだ理由は、xxxxxxxxxxxxxxxxxxxxxxxxxxxxxxx
xxxxxxxxxxxxxxxxxxxxxxxxxxxxxxxxxxxxxxxx！

基本戦略 ：新規参入・異業種と組んだ、チャレンジャーとしての
ユーザの立場に立ったワンストップのサイバーリアルエステート

背景 ：
1. インターネット元年を迎え、xxxxxxxxxxxxxxxx
2. 異業種や海外からのxxxxxxxxxxxxxxxxxx
3. 規制緩和へのxxxxxxxxxxxxx

30～40代のおしゃれに生活したいと考えているライフスタイル派をターゲットに、インテリアやリフォーム、すみ方＆生き方のxxxxxxxxxxxxxxxxxxxxxxxxxxxxxxxxxxxxxxxxxxxxxxxxxxxxxxxxxxxxxxxxxxxxxxxxxxxxxxxxxxxxxxxxxxxxxxxxxxxxxxxxxxx

➡ ライフスタイルショップとの提携
➡ メディア活用での話題作り
➡ 他にはない情報の透明性強調

7. アクション・プラン

3ヵ年のスケジュールを、当面この1年に××××××××××××××××××××××××××××
××××××××××××××××××××××××××××

	4月	5月	6月	7月	8月	9月	10月	11月	12月	×年1月	2月	3月
施策1：システム開発	→→→											
施策2：協力企業との運営方法づくり	→→→→→											
施策2：提供情報の振り分け				→→→→→→→→→→→→								
施策3：プロモーション活動						→→→→→→→→→→→→→→→						

役割分担を明示

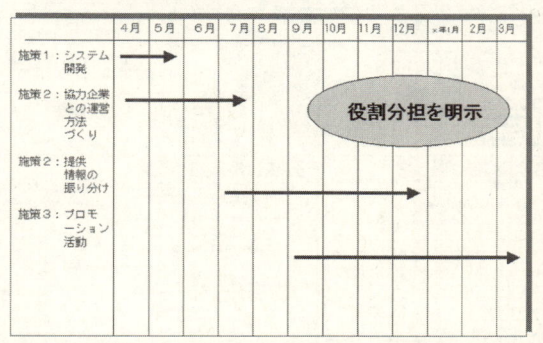

◆ 最後に…

インターネットでの産業変革は、業態を大きく変化させ、企業と企業そして企業と顧客のあり方、社会構造や私たちの生活自体にまで大きく影響を与えています。

ご提案させていただいた「e（いい！）物件事業」は不動産の流通革命として、近い将来に必ず起こるであろう市場の動きといえます。

いち早くネットでの流通システムを確立し、業界リーダーとしての地位を確立すべく、導入のご検討をいただければ幸いです。
本提案につきまして、ただ今よりディスカッションさせていただきたいと考えております。
忌憚のないご意見を、よろしくお願いいたします。

株式会社HRインスティテュート
不動産事業部一同

梅

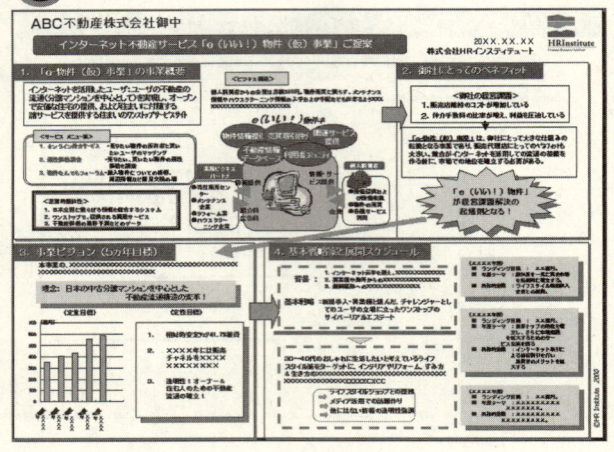

第4章

スキル3：
デリバリー・スキル
～「もっと聴きたい！」のために

1 目と耳から入ってくる メッセージ

① 非言語要素が伝えること（見て伝わる）

　席を立って、壇上まで歩くあなたには、すでに多くの視線が向けられている。壇上に立ったあなたは、聴く人の目にどのように映っているだろうか。人が相手を判断するのに要する時間は、90〜120秒と言われる。2分間で相手に伝えられる情報は、ほとんどが視覚情報だ。

- 背中がまるくなっていないか
- 上目づかいになっていないか
- 手のやり場に困っていないか
- 斜に構えていないか
- そわそわしていないか
- スーツは合っているか

などなど。プレゼンテーションの内容のビジュアル化も大事だが、**プレゼンター自身のビジュアル化**も重要だ。

　あるアメリカの女性ＣＥＯ（最高経営責任者）は、プレゼンテーションの1時間前に会場に着くと、慌てて外へ飛び出した。30分ほどで戻ってきた彼女は、鮮や

かな赤のスーツに着替えていた。そして彼女は、「舞台の背景が黒だったので、明るい色のスーツを買ってきたのよ。黒いスーツじゃ背景に呑まれちゃうでしょ」と言った。

壇上に立った自分が聴き手からどう見えるかを即座にイメージする。これがプレゼンテーションの準備だ。

転職の多いアメリカでは、就職面接のコンサルタントがいる。コンサルタントは「第一印象の90％は視覚情報。そして第一印象は80〜90％の確率で正しい」と言う。だから、まずは見た目をどうするかのコンサルテーションを行う。「髪はもう少し短め、髪の色はもう少し暗め、スーツの色は明るめの青、ネクタイは……」というように、その人が最も魅力的に見える道具立てを具体的にアドバイスする。それが終わってようやく姿勢や表情、話し方へと進む。

ビジュアル化で重視すべきポイントは3つある。

①強み（専門性）が強調されている
②個性に合っている
③相手に信頼感をもたれる

強み、専門性とともに、プレゼンテーションの内容との連動性は重要だ。広告代理店などは、提案するキ

ャンペーンをイメージさせるTシャツやジャケットをスタッフ全員が着るというような演出をしたりする。プレゼンテーターのビジュアル情報は、話への興味を促し、注意を引きつける。

　しかし、スティーブ・ジョブズ氏がコッパン（コットンパンツ）にポロシャツで登場するのと、普通の日本企業の若手社員がコッパンにポロシャツで登場するのとでは意味が違うことをくれぐれも忘れないように。著名な人が場違いな格好をしても新鮮と受け止められるが、名もない人が場違いな格好をすると非常識と言われるだけだ。

　特に、聴く人たちの年齢や業界、価値観に考慮して、その人たちの目にどう映るかを考える必要がある。スーツが似合う人は、仕事ができそうに見える。似合う似合わないは、体型の違いもあるが、美意識が大きく関係している。

　美意識の高い人は、自分がどう見えるかを常に意識している。**立ち方、座り方、歩き方、身のこなし**に常に気を配っている。だからスーツがオシャレに着こなせるのだ。小さくても、胸板が厚くなくても、足が短くても、胸をはり、堂々と優雅に歩き、自信に満ちた立ち方、座り方をすれば、存在が大きく見える。

　プレゼンテーションで突然、優雅になろうとしても難しい。普段から、**相手に信頼される立ち居振る舞い**

とは何かを考えて動くことだ。

そして、**ボディ・ランゲージ**は、言葉だけでは伝わらない多くのメッセージを伝える。キリスト教の伝道師は、ボディ・ランゲージを非常にうまく使う。たとえば「神様が……」と言うときは、天を仰ぎ、あたかもそこに神を見ているかのように語る。聴衆は、ボディ・ランゲージの助けを借りて、語られた内容を鮮やかにイメージする。単なる話ではなく、そこに繰り広げられる出来事を体験しているように感じるから感動する。

②言語要素が伝えること（聴いて伝わる）

最近は**ボイス・トレーニング**が若い女性を中心に人気を呼んでいる。歌手や女子アナ志望も多いが、声を使うプロを目指さない人でも、無理なく美しい声を出したいと考えるのは当然だ。スマートなスピーチをするには、よく通る、ふくよかな声が欠かせない。相手に与えるインパクトの要素を研究した「メーラビアンの法則」でも、ビジュアル（見た目、ボディ・ランゲージ）の55％に次いで、ボーカル（声、話し方）のインパクトは38％だ。

バーバル（話された言葉）のインパクトが、たったの

7％であることを考えると、いかにボーカルのインパクトが大きいかがわかる。

声や発声法に対するビジネスパーソンの認識も、あまり高いとはいえない。「声がでかい人は影響力がある」と思っていないだろうか。声はでかければいいというものではない。その声に、**相手を信頼させる響き**がなければ、耳をふさがれる。声は、目と同様、意味や思いを伝えるツールなのだ。声力が大切なのだ。

発声法がどんな違いをもたらすかは、テレビでドキュメンタリーを見ているとよくわかる。一般の人の言

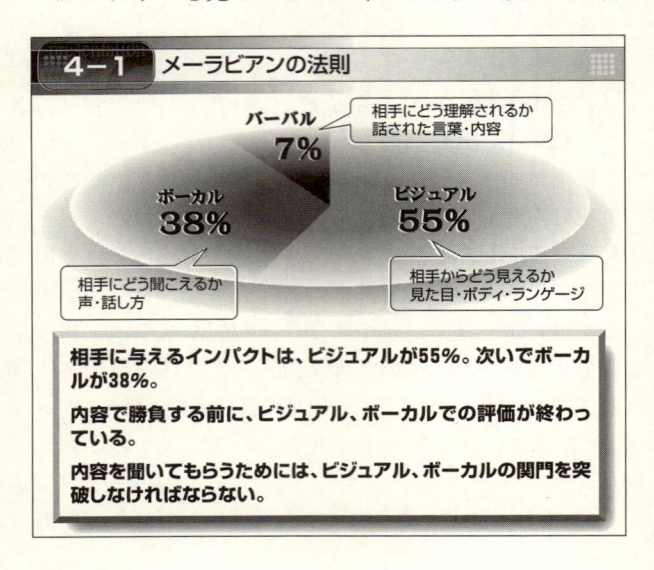

4-1 メーラビアンの法則

- バーバル **7%** — 相手にどう理解されるか 話された言葉・内容
- ボーカル **38%** — 相手にどう聞こえるか 声・話し方
- ビジュアル **55%** — 相手からどう見えるか 見た目・ボディ・ランゲージ

相手に与えるインパクトは、ビジュアルが55％。次いでボーカルが38％。

内容で勝負する前に、ビジュアル、ボーカルでの評価が終わっている。

内容を聞いてもらうためには、ビジュアル、ボーカルの関門を突破しなければならない。

葉は、音量が小さくなったり、騒音が入るとすぐに聞きとりにくくなる。それに対して、アナウンサーやナレーターの言葉は、音量が小さくなっても、騒音が入っても、明瞭に聞きとれる。

これが、**正しい発声法を身につけているか**どうかの違いだ。もちろん、発音、テンポ、表現力も重要な要素だが、基本は発声だ。

好ましい話し声の要素をNHKのアナウンサーが定義したものを見てみると以下のようである。

---

①声に明るさ、さわやかさ、潤い、ふくよかさがある
②時と場合に応じて声の大きさを変えられる
③適切な速度で話せる
④一本調子にならない
⑤人間的魅力、人間としての温かさ、清潔さがにじみ出ている

ビジネス・プレゼンテーションで求められる声もほぼこんな声だろう。正しい発声から生まれる好ましい話し声は、プレゼンテーションの内容を効果的に伝えるだけでなく、プレゼンターの人間性や信頼感も伝える。

声が与える印象は「ピッチの高い声はせっかちで短

第4章◎スキル3：デリバリー・スキル　165

気」「小さくて低い声は自信がない」というように、レッテルを貼られやすい。どうせ貼られるならいいレッテルで得をしたいものだ。

　18世紀、声帯から出た声を無理なく共鳴させ、反響させる方法が編み出された。これが**ベル・カント発声**だ。ベル・カントというのは、「美しい声・美しく歌う」という意味。

　ベル・カント発声に加え、19世紀末ごろ、新しい呼吸法が考案され、オペラ歌手の声はより充実するようになった。これが現在でも使われている**腹式呼吸による発声**だ。ベル・カント発声は、声帯を振動させて出した声をのどや鼻腔、口腔だけでなく、鼻骨、頭蓋骨にまで共鳴させ増幅させる発声法だ。オペラ歌手は体全体が楽器というが、まさにその通り。自分の頭蓋まで使って音を出すのだ。共鳴で音を増幅するから、大きな声を出してものどを痛めない。声楽家が長時間歌い続けられるのもそのためだ。

　プレゼンテーションで、大きな声が出せるのはインパクトもあり、自信ある印象を与えられるので必要なことだが、ずっと大きな声しか出ないというのは問題だ。強調すべきところでは大きな声が、共感を呼びたいところでは、感情を込めたソフトな声が出るのが理想だ。

声の4要素、「**高低**」「**強弱**」「**長短**」「**音色**」を自在にコントロールするオペラ歌手は、わずかな息の流れにも敏感に反応する声帯を持っている。この優れた声帯機能を身につけるためのトレーニングがボイス・トレーニングだ。
「今さらボイス・トレーニングをやったって、声がよくなるわけじゃないだろう」と思うかもしれないが、いくつになっても声はよくなるのだ。むしろ声に脂がのるのは40代、声楽家でも一人前になるのは深みが出る50歳前後といわれている。
　さらに、腹式呼吸による発声は、人体生理に適しているため、声の老化を遅らせるという研究結果もある。今からでも決して遅くはない。

② まず、聴き手が話に集中できない要素はとる～マイナス面退治

① 聴き手とのほどよい関係性＆距離感

はじまりの「眼力」と「声力」が、まず大事だ。

さきほど、声力について「信頼を得る」ために重要と述べた。今度は、眼力だ。最初のあいさつのアイコンタクトは、一番遠い人に向けよう。

視線が放つエネルギーには不思議な力があるが、プレゼンテーションにおいても、プレゼンターの視線は重要なポイントになる。普通、プレゼンターが**最初に視線を合わせる**のは、会場の中でもプレゼンターから**最も遠い人**だ。そのとき、なんとなく視線を泳がせるのではなく、しっかりとその人の目を見て、笑顔で最初のあいさつをすることが肝心だ。

離れた人をターゲットとするのは、一部の人ではなく**会場全体に話しかけている**ことを知らせるためだ。ここで声を発してあいさつすると、一番遠い人に合わせた声の大きさがつかめる。

手前の人に目を合わせてあいさつすると、後ろの人たちは蚊帳(かや)の外にいるように感じてしまう。コミットメントしてほしい人たちを視線の網(あみ)でとらえるのだ。

話しはじめたら、**次第に視線を前のほうへと移していく**。ジグザクのZ型に左、中、右と移動してもいいし、W型に後、前、後、前、後としてもいい。視線の移し方のポイントは、数人になんとなく視線を向けるのではなく、**その中の一人にしっかりと目線（アイコンタクト）を合わせる**ことだ。

相手の目を見る時間は、3〜5秒。日本人は目を合わせることに慣れていない人が多いので、あまり長い時間見つめるとかえって集中力をそいでしまったり、目線をそらされてしまう。

会場の雰囲気がかたく、あがってしまいそうなときは、まず、好意的に聴いてくれそうな人を見て話す。

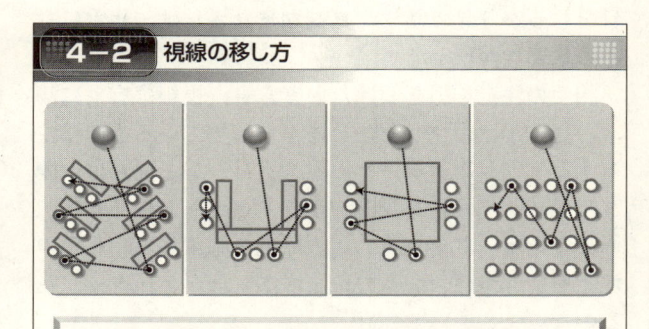

4-2 視線の移し方

漠然と見ないで、一人に絞って視線を合わせる。一人3〜5秒ずつが目安。一番遠い人からジグザグに、あるいはW型、M型に視線をゆっくり移していく。

自分の話にうなずいてくれる人を見て話せば、だんだん自信がついてくる。気持ちが楽になってきたら、少しずつ、無表情な人とも目を合わせてみよう。誰にも視線を合わせず漠然とそのあたりを見るのと、ある一人の人の目を見るのとでは、聴き手に及ぼす影響が大きく違ってくる。

人は、**目を見て話されると語りかけられていると感じ**、話に集中するようになる。自分に語りかけられていれば、**自分のこととして話を聴く**。だから、できるだけ多くの人と目を合わせて話すべきなのだ。

「ここは絶対にわかってほしい」という重要な部分を説明するときは、スクリーンから目を離し、聴き手の目をしっかり見て話す。**真剣なまなざし**は、相手にもその重要性が伝わる。

相手の注意を引きつけたいときも、視線は有効に働く。聴き手は、プレゼンテーターが見ているものに注目する。プレゼンテーターがスクリーンを見れば、聴き手もスクリーンを見る。ホワイトボードを見れば、ホワイトボードを見る。この原理を利用して、相手の注意を引きつけたいものをまずプレゼンテーターが見るのだ。

スクリーンに映ったグラフに注目してほしいとき、聴き手を見たまま「このグラフにご注目ください」と言うより、「このグラフに」でスクリーンを見て、再び

聴き手に目線を戻し、「ご注目ください」と言ったほうが聴き手の注目度は高まる。

　特定の意思決定者がいるプレゼンテーションの場合、意思決定のポイントとなる部分を話すときは、必ず**意思決定者の目を見て話す**。当然、プレゼンテーションの締めの言葉は、意思決定者と目を合わせて言うべきだ。ただ、視線を合わせても、その目に思いがこもっていなければ相手を納得させることはできない。目に思いを込めるというのは簡単そうで意外に難しい。

　プレゼンテーターが緊張するように、聴く側も緊張するものだ。こんなとき相手の不安をやわらげ、ぐっと**心理的距離を縮める**にはどうしたらいいか。

　プレゼンテーターは、いきなり相手に近づきすぎてはいけない。心理的な距離を推しはかりながら、実際の距離を縮めていくのがよい。時折、会場のかたい雰囲気をほぐそうと、いきなり聴衆に近づくプレゼンテーターがいるが、近づかれたほうは思わず引いてしまっている。

　聴き手が話に引き込まれ、場が熱を帯びてきたら、そのときこそ距離を縮めるときだ。聴き手にぐっと近づき質問を投げかけたり、個別に会話をしたりすることが効果的になる。よそよそしい雰囲気、ピリピリし

第4章◎スキル3：デリバリー・スキル

た空気を感じたら、まずは社会距離から語りかけることだ。相手が望む距離感を大切にしながら、徐々に親密感を高めていく。

心理的距離を縮めるのに有効なのは、なんといってもノン・バーバル(非言語)なコミュニケーションだ。聴き手はプレゼンテーションの内容を聴く前に、プレゼンターを見ている。表情、仕草、姿勢、そして声は、心理的距離に大きく影響する。

プレゼンターのノン・バーバルな表現は、相手に伝染する。笑いが笑いを呼ぶように、プレゼンターの緊張は相手を緊張させる。プレゼンターが落ち着いて、親しみを込めてプレゼンテーションすれば、聴く側も次第に緊張を解き、親しみを感じはじめる。相手の不安や緊張は、自分の不安や緊張の反映と考えていい。

明るい雰囲気にしたいと思ったら、まず自分が明るく振る舞うこと。リーダーシップのとれる人は、常に自分をポジティブに演出して、周りを巻き込む。プレゼンターは、プレゼンテーションのリーダーだ。場がポジティブになるかどうかは、プレゼンターの演出力にかかっている。

② 「不信・不安・不満」をぬぐう！

　聴き手に不安を与えない。安心・信頼のために、声は落ち着いた太い声で。間違っても、甲高い声で、裏返らないように。目が泳いでいるのも、情けない。

　そして、聴きとりにくかったら、はじまらない。声は大きく響かせ、滑舌よく。

　第5章に、デリバリー・スキルを鍛える簡単なトレーニングを、まとめて紹介する。その中の「言葉のヒゲ」トレーニングは、とても役に立つ。自分の話し方のマイナス要因をとるとき、「言葉のヒゲ＋腹式呼吸」を意識すると、みるみる変わる。

　姿勢や態度も重要だ。

　サービス業では、体の前で左手を右手に添えるようにして立つと教えられるが、プレゼンテーションでは、このポーズは「いちじくの葉」といって、よくない手の位置とされる。このほか、腕組みをしたり、手を後ろで組んだり、ポケットに手を入れたり、お祈りのように手を前で合わせたりするのは、よくないポーズだ。なぜよくないか、手が自由にならないからだ。

　手は重要なビジュアル表現の手段だ。「これにより、かなりな経費削減に」と言いながら手を下に動かす、「大きな効果が生まれました」と言って両腕を広げるといったジェスチャーは、内容を印象づけるととも

に、プレゼンテーターの自信や情熱を伝えることができる。

手は、このビジュアル表現をしやすい位置になければならない。だから、ポケットに入れたり、組んだりしてはいけないのだ。

では、手はどこにあるべきか。それは、体の側面に、自然な状態で下がっているべきだ。これをニュートラル・ポジションという。いつでも、すぐに動かせる位置だ。

腕がだらりと下がって、猫背であごが出ると最悪だから、あごを引いて背筋は伸ばす。手を大胆に、自在に動かせるようにするには、**安定感のある立ち方**をしなければいけない。両脚を肩幅に開き、足の裏をしっかり床につける。重心はややかかと寄りがよい。いつでも前後左右に動ける状態が望ましい。

女性の場合、モデルのように片方の足のかかとをくるぶしにつけて立つ人がいるが、これは、「ためらい」という呼び名が示す通り、消極的な印象を与える。かかとをつけ、つま先を開いて立つポーズも、安定感がなく、自信のない印象を与える。

片足に重心をかける立ち方も、中心が定まらない印象を与えるので避けたほうがいい。

安定よく立ったら、**動き方**を少し考えてみよう。通常、プレゼンテーターは正面に立つか、スクリーンの

横に立つ。立つ位置で気をつけねばならないポイントは、必ず全員から見える位置に立つということだ。それでも隣や前の人に隠れてしまうことがあるので、プレゼンターは、ときどき立つ位置を変えて、全員の顔を見るようにする。

プレゼンターの動きは、左右の動きが多い。スクリーンの脇からホワイトボードへ、ホワイトボードから中央の演台へといった、平面的な動きが中心だ。

聴き手は、こうした左右の動きに慣れているので、特に関心を示さない。ところが、プレゼンターが聴き手に一歩近づくと、大きく反応する。パーソナル・スペースが狭まるからだ。このプレゼンターの**前後の動きは、うまく利用すると実に効果的**だ。

特に聴き手の注意を引きつけたいとき、強調したいポイントを述べるとき、結論を言うとき、などに使うと効果的だ。その場合は以下の点に気をつけたい。

---

①頻繁に動きすぎないこと
②場の雰囲気を見てタイミングをはかること
③あまり近づきすぎないこと

ぜひ、やってほしいのは、一歩前に出て、しっかりアイコンタクトをしながら、**落ち着いた口調で結論を言うこと**である。大声を出す必要はない。

また、プレゼンテーションの演出の1つとして、質疑応答の内容をまとめるために、ホワイトボードを使う場合の注意点を確認しておこう。

　書く作業は、どうしても聴き手に背を向けることになる。背を向けながら、聴き手の注意をそらさないためには、以下のような点に注意することが必要だ。

---

①聴き手にホワイトボードが見やすい位置に立つ
②全体のバランスをイメージして書きはじめる
③できるだけ大きな文字で書く
④読み上げながらゆっくり書く
⑤ワンセンテンス書いたら聴き手のほうを向いてアイコンタクトを行う
⑥漢字が書けなくてもうろたえず、カタカナ、ひらがな、アルファベットでさっと書く

　書くことに夢中になって、つい聴き手の方々から意識が離れたときに、自分の内側に向かわないように気をつけよう。

3 ビデオで自分を見るとよくわかる

① セルフ・コントロールの訓練

　国際会議や国際的な交渉の場で、どうしても見劣りするのが日本人だ。UCLA（米カリフォルニア大学ロサンゼルス校）に留学していた友人が、アメリカ人と日本人のプレゼンテーションの能力の差を、こんなふうに表現していた。「アウトプットだけ見ていると、日本人のもののほうがずっと優れているのに、プレゼンテーションがはじまるとアメリカ人のアウトプットが素晴らしく見えてくる。明らかに内容は彼らのもののほうがプアなのに、だんだん素晴らしく見えてくる」。

　われわれの身近でも、このような例を体験している人はいるだろう。内容は完璧で、絶対の自信作なのに相手を魅了できないというのは、「プレゼンテーション・スキル」が不足しているからである。

　そこで、こういう人たちのために知ってほしいのが**プレゼンテーションの心理学**だ。プレゼンテーションの心理学には3つの視点がある。1つ目は、プレゼンテーター自身の心理、2つ目が、聴く人の心理、3つ目

が、場の心理だ。この3つの視点をよく理解してプレゼンテーションに臨むことが必要である。

まず、プレゼンテーションするときの**自分の心理状態をしっかり認識する**。インパクトのないプレゼンテーションの一番の要因は、プレゼンターの心理状態にある。あせり、不安、緊張は、表情や態度、行動に表れる。あなたの心理状態は、語らずとも相手に伝わっているのだ。

適度な緊張感は、場を引き締めるのに効果的だが、度がすぎると相手まで緊張させてしまう。逆に、慣れからくる**おごりや読みの甘さ**は、相手に不快感を与えたり、不信感を与えたりする。

そこでプレゼンターがチェックすべき最初のポイントは、**セルフ・イメージ**だ。自分自身を肯定的に、健全にイメージできていれば合格だ。「オレはすごい」「オレはできる」と過度に自分を鼓舞する必要はない。「欠点もあるけど、誠実に熱意を持って伝えることができる」というセルフ・イメージを持っていれば、いい印象を与えられる。

プレゼンテーションであがってしまったり、緊張しすぎて失敗した経験はないだろうか。「うまくやらなければ」「失敗は許されない」と自分を追い詰めると緊張する。過去に失敗の経験がある場合はもっとひど

い。「また失敗するのではないか」と、そのときのいや〜な気持ちを思い出して暗澹たる気分になる。

あがり症や緊張症を克服するには、意識を方向転換させる方法が有効だ。

「失敗は許されない」というプレッシャーには、**失敗は最良の教師**」という言葉を思い出すのが一番よい。失敗が許されないのではなく、許されないのは、準備不足、熱意不足だ。自分の持てる力を使いきり、利用できる資源はすべて利用し、細心の注意を払って行ったプレゼンテーションが不評だったら、あとはそこから何かを学ぶしかない。プレゼンテーションが終了したら、結果がよくても悪くてもそれをそのまま認め、次のプレゼンテーションで何を改善するかをしっかり脳裏に刻み込むのだ。課題が発見できればあとは解決するだけなのだから。

しかし、頭ではわかったつもりでも、体がコチコチに緊張していたのでは、あがり症・緊張症を完全に克服できない。そこで、**リラックスするための簡単なエクササイズ**を紹介しよう。

これは、**シュルツの自律訓練法**を簡易化したものだ。体をリラックスさせることにより、心理的な安定が得られ、また半睡状態と覚醒状態がうまくスイッチできれば頭もすっきりする。

所要時間は10〜15分。椅子があればどこででもで

きる。できれば静かな場所がいいが、電車の中やオフィスでもできる。プレゼンテーションの準備を早めに終えて、このエクササイズをやって本番に臨むといいだろう。マリア・カラスやパバロッティのアリアを直前に聴くのも勇気づけられる。

平常心をキープするためには、呼吸で自分を落ち着かせることだ。自分を見失っているときは、必ず呼吸が乱れている。だから、**腹式呼吸がおすすめだ。**

呼吸で自分を整えると、自意識過剰の状態から、少し離れることができる。そして、もっともっと自分のうちから離れていく。すると、私たちが「幽体離脱」と呼んでいる状態に至る。英語では、「バルコニーにあがる」という。つまり、**もう一人の自分**が緊張している本来の自分を見て、客観的に叱咤激励するのだ。

ビデオを見るとき、その人のナルシスト度がわかる。自分に見とれてしまうのも、気持ち悪い話だが、あまりに自分を嫌悪するのも、自意識の裏返しだ。「もういいです。見たくないです」とばかりに、自分を見ることができない人。**現実の自分を見つめられない**ということは、現実から逃げる傾向があるのかもしれない、という自分に気づこう。

本当は、自分の姿を見て、大笑いしてもらいたい！「まったく、こいつ、なってないですね」と言って、**自分を笑い飛ばせるくらいになってほしい。**

4-3 リラックス法

準備

体の力を抜いて、椅子にやや深めに座る。寄りかからず背筋は軽く立てる。両膝は力を入れず揃え、太ももの上に両手を、甲を上にしてのせる。手のひらは開く。
軽く目を閉じ（閉じられない場所ではあいていてもよい）ゆったりと呼吸する。
太ももに接している手、床に接している足の部分に意識を集中する。

エクササイズ

心の中で言う言葉	意識を集中するところ
「腕が重〜い」「脚が重〜い」	両腕・両脚
「腕があたたか〜い」「脚があたたか〜い」	両腕・両脚
「気持ちがとても落ち着いている」	呼吸
「胃のあたりがあたたか〜い」	胃
「とても楽に呼吸している」	呼吸
「心臓が規則正しく打っている」	心臓の鼓動
「額が気持ちよく涼しい」	額

消去動作

手を握ったり閉じたりする。
腕を曲げ伸ばししたり、伸びをしたりする。
ゆっくり目を開ける。

**プレゼン前に緊張を取り除き、集中力を高めよう。
エクササイズの後は必ず消去動作を行うこと。**

② この人、信頼できますか？

　自分のボディ・ランゲージをチェックする。ボディ・ランゲージは、意識的に使えば強力なプレゼンテーションの武器になるが、自分の発しているボディ・ランゲージを意識していないと大変な落とし穴になる。
「これは私たちの自信作です」と言いながら、目を伏せ、指をもぞもぞしていたら、言葉は自信を表しながら、**ボディ・ランゲージ**は自信のなさを表すという矛盾したメッセージを送ってしまう。無意識に伝えてしまっているボディ・ランゲージは、意外に多いのだ。

　また、相手が無意識に送っているボディ・ランゲージも多い。この双方のボディ・ランゲージを認識することがまず必要だ。自分が無意識にやっている癖を知るには、自分のプレゼンテーションをビデオに撮ってみるのが一番だ。ビデオを見ながら自分のボディ・ランゲージをリストアップする。すべてをリストアップしたら、それぞれの癖が相手にどういうメッセージを伝えているかを考える。

　次にそれらの癖が、どういうシチュエーションで多く出てくるのかを分析してみる。最後に、この癖をどう変えるかを考える。

　たとえば、「下を向いて頭をかく」というボディ・ラ

ンゲージが繰り返し出てくると、相手はこれを見て「自信がない」と思うに違いない。では、「下を向いて頭をかく」のは、どんなときか。よく観察してみると「言葉に詰まる」ときが多い。この癖は、自信がありませんと言っているようなものだから、ぜひ直したい。

　直すには、**「言葉に詰まったとき」**を意識化すること。そして「下を向いて頭をかく」という動作の代わりに、「顔を聴き手に向けたまま呼吸を整える」ことにする。**無意識にネガティブなメッセージを伝えない**ことは非常に大事だ。

　ネガティブ要素をとり除いたら、今度は、ポジティブなボディ・ランゲージを効果的に使う方法を考えてみよう。

　まず、相手に伝えたいポジティブなイメージを考え、それをボディ・ランゲージで表現してみる。たとえば「誠実さ」を伝えたいときは、あなたが誠実と感じる人のボディ・ランゲージを思い起こしてみるといい。一生懸命語る姿勢、言葉を丁寧(ていねい)に選び熱心に伝える姿勢、相手の言葉を真剣に聴こうとする態度、……。わいてきたイメージを実際にやってみるのだ。できれば、それを他の人に評価してもらう。ボディ・ランゲージは、考えや思いを言葉だけでなく、体全体で伝えようとすることなのだ。

第4章◎スキル3：デリバリー・スキル　　183

表情の持つパワーにはすごいものがある。赤ちゃんの笑顔を見て怒りだす人はまずいない。イライラしていたおかあさんも赤ちゃんの笑顔を見ると思わず微笑む。プレゼンターの笑顔は赤ちゃんほどには威力はないが、**プレゼンテーションは笑顔ではじめる**のが望ましい。魅力的な笑顔をつくる練習をする営業マンがいるようだが、これは理にかなっている。笑顔をつくると自分自身が明るい気持ちになる。この気持ちが笑顔を向けた相手に伝わり、相手が笑顔を返す。返された笑顔でまた**明るい気持ちが増す**という笑顔の倍々ゲームになるからだ。

　表情は、それを見た人に表情の裏にある感情を伝染させる。だから、真剣に聴いてほしい場面は真剣な表情に、エキサイトしてほしい場面はエキサイティングな表情にならなければならない。
　普段から表情の乏しい人は、無理やり表情豊かにしようとすると浮いて見えるので、練習を積んで、自然な表情ができるまではあまり無理をしないほうがいい。
　表情をつくる練習は、プレゼンテーション原稿のどこをなごやかな表情でとか、どの部分は厳しい表情でといったように工夫しながら読んでいく。鏡を見ながら練習するといい。声の抑揚に意識をとられないよう

に、表情に注目して練習する。動作を交えてもいいが、あまりオーバーアクションにならないように注意する。

聴き手は、話に引き込まれれば引き込まれるほど顔に注目する。**顔に表れる微妙な表情を見逃さない。**「この部分を話すとき不安そうな表情をした」というようなことがよくわかるものだ。

ポーカーフェイスになるのではなく、表情豊かになったほうがいい。アンドロイドのような無表情な顔よりも、愛嬌のある表情豊かな顔のほうが愛される。その豊かな表情を聴き手にしっかり見せるためにも、横を向いて話したり、むやみに動き回ったりしないほうがよい。

聴き手の視線はプレゼンターを追うものだから、あまり動くと集中できず、疲れる。プレゼンターの顔がよく見えないと、聴き手は「プレゼンターに誠意がない」と感じやすくなる。

ビデオを見て、幽体離脱。自分の客体化を経験してみよう。そして、自分自身の最高のサポーター&コーチになろう。そうなれれば、こわいものなしだ。

自分を客観的に見つめられるようになると、「どうしたら、もっと聴きたくなるか。この人の自信のなさは、どこから伝わってくるのか。どうも、信頼がおけ

ないと思うのは、この人の何がそう思わせるのか……」など。とても大切なことに、気がつくことができる。

　他人でもなかなか言ってくれないこと。自分自身という厳しいコーチだからこそ、気がつくポイントがあるはずだ。**自分をとことん、見つめてみよう**。なぜ、こんな表情をしているのか。なぜこんな言い方をするのか。なぜ、こういう印象を与えるのか。この人は、どんな人に見えるか。

　どうしたら、もっと信頼できる人になれるのだろう。何に気をつければいいのだろう。自分を他者の目で見つめる。**自分と向き合うのは、結構つらいもの**だ。特に、かっこ悪いネガティブな自分を見つめるのは、できれば避けたい。見ないで終わりたい。

　しかし、**他の人はみんな気がついているはず**。知らぬは本人ばかり。これでは、もったいない。ぜひ、勇気を持って、自分のビデオを直視し、大笑いしながら、気がつくことを自分の進化に活かそう。そういう器(うつわ)の人は、周りから見ても、とても魅力的な人に見えるはずだ。**自分を自分で成長させよう**。そのためには、自分を客体化することが早道だ。

4 次に、「メリハリ＋言霊」でもう一歩上を目指す～プラス面強化

① 話す、ではなく、伝える→伝わる

　プレゼンテーションがうまい人は？と聞くと、歴代アメリカ大統領の名前が必ず出てくる。クリントン元大統領はその代表格だろう。大聴衆の前で、テレビ討論会で、学生たちとのフリー・ディスカッションで、大統領は、高いプレゼンテーション・スキルを発揮しなければならない。

　アメリカの大統領の多くは、スピーチやプレゼンテーションなど、コミュニケーション力を磨くために、専門のトレーニングを受ける。それほど、自らの意見がいかに聴衆の心をとらえるのかに注力しているのだ。

　クリントン元大統領は、聴衆を惹きつけ、相手との信頼関係を結ぶ能力を伸ばすために、コミュニケーショントレーニングの1つである**ＮＬＰ（Neuro Linguistic Programming）**と呼ばれる神経言語プログラムを受けていた。

　このプログラムは心理療法家であるゲシュタルト・セラピーのフリッツ・パールズ氏、催眠療法家のミル

第4章◎スキル3：デリバリー・スキル　187

トン・H・エリクソン氏、家族療法家のバージニア・サティア氏などの言葉遣いや非言語によるコミュニケーションを研究、モデル化し、誰にでも天才のモデルを学べる形に体系化されたものだ。つまり、コミュニケーションのベストプラクティスだ。

　高いプレゼンテーション能力、高いコミュニケーション能力は、リーダーとしてのプレゼンスを表すバロメーターなのだ。

「話す」は、自分中心だ。「伝える」は、自分＋相手。**「伝わる」**になると、**やっと相手が中心**になる。相手に伝わらなければ、いいプレゼンテーションとはいえない。一番ひどいのは、「読む」という状態。もしも、資料や原稿が手元にあっても、決してそれを「読む」というだけで、終わらせないこと。

　政治家や官僚の答弁でよくある、あらかじめ用意された原稿の単なる棒読み。これで、国民に伝えている？　伝わったと思っている？　確信犯的な、独りよがりプレゼンテーションである。

　伝わっていないことを世論調査で知り、「こんなにお伝えしているんですけどねー。マスコミの皆さんが、いけないんじゃないですか？」なんて、責任逃れを言っている一国のリーダー。これでは、あまりに情けない。

②「間」と「溜め」がつくれたら一人前

　ある知り合いのコンサルタントは、オフィスで古典落語のCDを聴いている。彼はプレゼンテーションの達人。落語から言葉のリズムや間を学んでいる。

　落語家は噺家と呼ばれる。落語は話が中心である。落語によって、話し方、声のトーン、速さを変える。そして絶妙の「間」。

　さらに名人と呼ばれる噺家は体全体で表現する。蕎麦を食べる、お酒を飲む、汗を拭く、走る（座ったまま）……。そのボディ・ランゲージによって、臨場感ある落語となる。話す、表情を出す、体を動かす……噺家は言語と非言語のメッセージを駆使して、落語を私たちに伝えている。会議でも同様。人に何かを伝えるときには、言語と非言語のコンビネーションが必要だ。

　落語家の話のリズムを、耳だけで繰り返し聴いて、真似してみよう。**人を引き込む話には、リズムがある**。息遣い。やはり、呼吸だ。呼吸を制しているので、間や溜めを、自らつくって、会場を自分のペースにしてしまうことができる。

　間があくと、人はこちらを見る。だから、できる限り「間」をあけないで、話しきってしまいたくなる。結果、早口となる。

みのもんた氏の「間と溜め」はやや過剰だが、実にうまい。あそこまでいくと疲れるが、あそこまでやれるから自分のブランドを確立したのだろう。パワーポイントの表示効果のように、パネル上でメクリを使うというのも、彼独特のスタイルだ。「じゃじゃん！」というのが、クサイと感じる方もいると思うが、まさに**現代版の紙芝居のようなリズム**をつくっている。

　自分で、一度あえて「間」をつくることにチャレンジしてみよう。こわいと思うが、やってみよう。そして、そのコントロール感を、楽しんでしまおう。場をコントロールしているのは、プレゼンターだ。その影響力を、見て見ぬふりをするのではなく、これもまた真っ向から向き合ってみよう。

　真っ白になったり、パニックになったとしても、大丈夫。みんな、同じような経験をして成長してきているのだ。生まれながらに、間や溜めをつくるのに長けている人などいない。皆、恥をかきながら、それでも聴き手の方のためを思って、自分を進化させてきているのだ。今のうちに、思いっきり、恥をかいておこう。それが、肥やしになる。

③ 声の振動＝バイブレーションが、場をつくる

　自分の会社の社長の、社長就任演説、新年のあいさ

つ、親友社員への言葉、株主総会でのスピーチなどは、しっかりチェックしよう。正直、聴くに堪えないレベルのものもある。それはそれで、悪い例として、勉強しよう。

　何が、やる気を感じさせない、つまらない、尊敬できないという要因になっているのか。シナリオの要素もあるだろうが、デリバリー・スキルの影響も大きいはずだ。

　これといって、マイナスな要素があるわけではない。でも、**可もなく不可もないスピーチをする人**。もったいない話だ。ぜひ、今度は「**印象に残る**」**プレゼンテーションをする**ように、ワンランク上を、狙ってほしい。

　そのためには、**言霊。自分の言葉。自分の体験**。

　だから、相手の心に届く。自分の中からわき出た言葉は、相手の腹にストンと落ちる。

　言葉が具体的だと、興味が引き出される。「単なる美人」ではなく、「人気女優の伊東美咲に似た美人」と言われたほうが、興味を引く。思い描きやすい。「大企業」と言われるより「年商3000億円、15ヵ国で事業展開している精密機器メーカー」と言われたほうが、イメージができる。

　伝えるとき、ジェスチャーを入れたり、表情で引きつけたり、言葉の強弱で、臨場感を出したり。そのシ

ーンが思い描けるような、語りのできる人。

　詩を朗読してみると、よくわかる。吉永小百合さんは、毎年原爆の悲惨さを後世に伝えるための朗読会を開催している。写真や映像などなくても、まるで目の前にそのシーンが浮かんでくるような朗読。人の想像力を、かきたてる。

　声は音色だ。体は楽器。体にとり込まれた息が、どんな音色で外へ出ていくか。口腔をまぁるく開いて、響き渡るような声を出せる人は、会場中に振動＝バイブレーションをいきわたらせることができる。

　声は大きさというよりも、この振動力だ。振動力は、影響力。自分の声が、か細かったり、高めだと思う人は、一度ボイス・トレーニングを受けてみるといい。呼吸の仕方。息のとり込み方と、その吐き出し方。ちょっとしたコツで、自分の声のトーンをおさえて、響く声を出すことができるようになる。

　あくびをするとき、顎関節が開いている。その開いているあごの形で、口を開いてみよう。そして、上あごもまぁるく上部に引き上げて、口の中に大きなホールをつくる。こうすれば、体内から吐き出された息が、口腔内で共鳴し合って、最後に響く声が出てくる。

　のどとあごを、開くような感じだ。

　緊張していると、口の周りの筋肉もひきつってい

る。表情が硬くなる。こうした悪循環を断ち切るのが、「笑い」だ。

④ 笑いの5つの効用

＊効用その1）　愉快な気持ちにさせる

人は知らない相手を前にすると緊張するが、それをほぐすのが、笑いだ。笑うと気持ちがほぐれる。愉快な気持ちになると、人は相手を受け入れやすくなるものだ。

ビジネスでは、相手に納得してもらい、決断してもらうのが目的だ。笑ってもらうのが目的ではないが、相手を説得するのに笑いが果たす役割は大きい。このあたりを心得ている人は、最初の一言で笑いをとり、**場の雰囲気をなごやかにする**ことで、プレゼンテーションの内容を聴こうという気持ちにさせるのだ。

＊効用その2）　いい人という印象を与える

自分を愉快な気分にさせてくれる人を、人は「いい人」と思う。「いい人」を嫌いだと思う人は少ない。いい人は好感を持たれる。

ただ、難しいのは、愉快な気分を認めたがらない人がいるということだ。

「ビジネスの場では、愉快な気分になどならないぞ」

とがんばるかたくなな人もいる。こういう人は、**愉快な気分にさせてくれる人＝いい人**という構図になりにくいが、それは少数派である。大抵の人は、愉快な人＝いい人という反応習慣を持っているものだ。

＊効用その3）　集中させる

笑いは、人を引き込む力を持っている。笑っている人を見ると思わずこちらも笑ってしまう。会場全体がどっと笑うと、**散漫な空気が一気に収束**する。話に集中してほしいときは、大きな声を出すよりも、ジョークやユーモアで笑わせるほうが効果があることも多い。

＊効用その4）　視点を変える

気まずい雰囲気、予期せぬトラブル、怒り、失敗といった苦境に立たされたとき、気のきいたユーモアがさっと出ると**苦境が笑いに変わる**。

ロナルド・レーガン氏が大統領選で、対立候補のウォルター・モンデール氏に「老齢」を話題に攻撃されたとき、「年齢には触れないよ。敵の若さと経験不足につけ込んで点数を稼いじゃ悪いからね」と切り返して、一転、優勢に立った。笑いは、問題を違った方向から見せてくれる。

＊効用その５）　積極的・肯定的にする

　愉快な気分のときと不愉快な気分のときを比べると、人は断然、愉快な気分のときに活動的となる。気分が沈んでいると、何をするのも面倒になる。意思決定に関しても同様だ。

　人に依頼ごとをするとき、相手の機嫌のいいときを見計らって頼むのではないだろうか。プレゼンテーションに笑いをとり込むのも同じ原理だ。聴き手が愉快な気分になれば、積極的、肯定的に決断してくれるだろう。

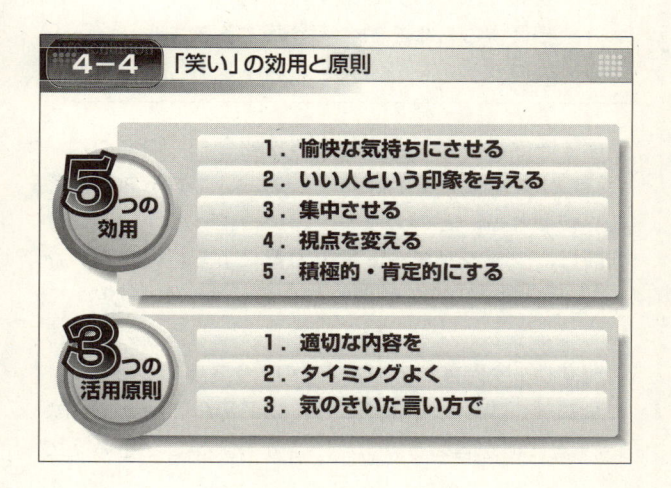

4-4　「笑い」の効用と原則

5つの効用
1. 愉快な気持ちにさせる
2. いい人という印象を与える
3. 集中させる
4. 視点を変える
5. 積極的・肯定的にする

3つの活用原則
1. 適切な内容を
2. タイミングよく
3. 気のきいた言い方で

5 ファシリテート・スキルも活用

① 双方向コミュニケーションにチャレンジ

コンサルティング・プロジェクトの現場から、参加者各自の主体性と、全体の生産性を最大限引き出すファシリテート・スキルを4つ見ていこう。

---
1. 一人一人のコミットを深めるスキル
2. 質問で深め、引き出すスキル
3. 相反するものを融合・昇華するスキル
4. 場のレベルを一定化するスキル

図4-5に、これらの使い方を紹介。この4つは、会議の中で必要と思われるシーンで、プロセスに関係なく使われる。どのスキルを、いつ使うのか、という判断は、**ファシリテート役の力量**による。慣れていないと、「次に"広げる質問"を」とか「今は"沈黙"で場をつかもう」など、いちいち考えてしまう。

秘訣は**「今発言している人」**の**「今言っていること」**に全神経を集中して聴くこと。はじめはこれができない。「次に何を言おうか」と、自分の次のことを考えて

しまう。すると、発言者の話が終わった瞬間の、コメント・質問・態度にこれが現れる。

　発言者を（無意識に）ないがしろにゼッタイしないこと！　発言を心から受け止めたかどうか、は発言者にも周りにも恐ろしいほどわかるのだ。「こいつは、自分の都合で話している」「自分のわかる落としどころへ誘導している」「こいつ、実はわかってない」「こいつは、われわれの意見を、本当はなんとも思っちゃいない」と思われたら、アウトだ。

　ファシリテート役は流れをつくるのだ。誰もが言いやすい流れを。この姿勢が、一人一人のコミットを引き出す。言ったことをまともに受け止めてもらえない会議なら、黙っていたほうがいい。そういうムードができたら、おしまいだ。

　「もっと言いたい」「こういう意見もあるぞ」と一人一人が活発になるためには、発言をしている人に集中し、その意見を尊重することだ。その上で、「話がわかりにくい」「納得できない」「考えに偏りがある」「話しすぎだ」などの改善すべき点を、明確にして議論を進めていく。

　このときに、場の多数が感じている、言葉になっていない意見を、代弁したり引き出してあげる。これもファシリテート役。「そう、そう、そうなんだよ！」「わかってるなー」という**一瞬の信頼で一体感ができ**

4-5 会議における役割とファシリテート・スキル

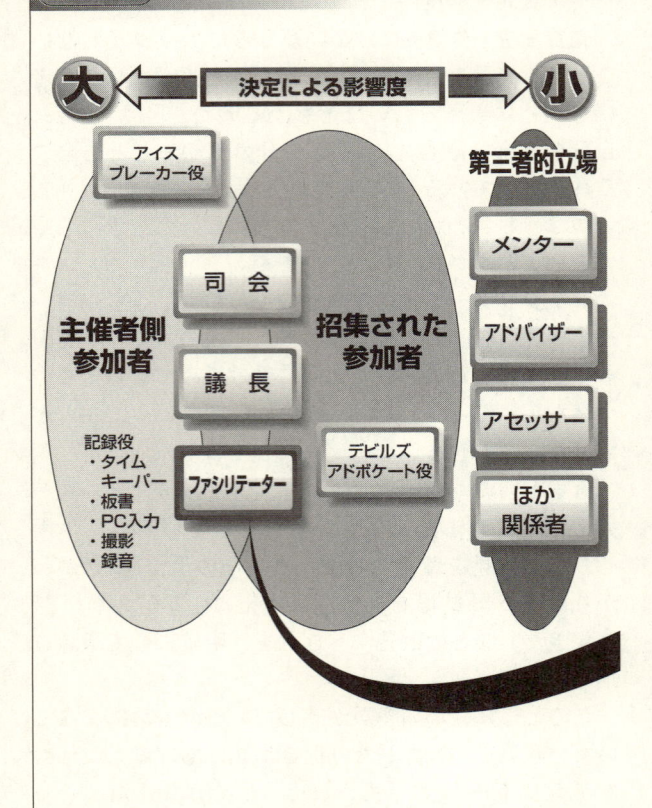

決定による影響度 大 ← → 小

主催者側参加者:
- アイスブレーカー役
- 司会
- 議長
- ファシリテーター
- 記録役
  - タイムキーパー
  - 板書
  - PC入力
  - 撮影
  - 録音

招集された参加者:
- デビルズアドボケート役

第三者的立場:
- メンター
- アドバイザー
- アセッサー
- ほか関係者

ファシリテート・スキル	スキルの具体例	活用シーン
1.一人一人の コミットを 深める	*賛成か反対か挙手してもらう *必ず名前で呼ぶ *目的と各自の関係を確認する	●プロジェクトの はじまり ●プロジェクトの 最終段階 (今後の活動への 責任)
2.質問で深め、 引き出す	*「なぜ賛成か(反対か)」の理由を 発言してもらう *質問があったら、参加者同士で答 え合うようにする	●場がだれてきたとき ●発言者が限定 しているとき ●1つの方向に流れて いるとき
3.相反する ものを融合・ 昇華する	*目的へ向かった共通する思いをく り返す *共通の問題意識を探る	●感情的な発言が つづいたとき ●議論がまったく 平行線のとき ●コンセンサスの 構築が必須のとき
4.場のレベルを 一定化する	*間をとる。誰か発言するまで沈黙 しつづける *データ・情報を提供する	●能力、問題意識、 情報量に違いが 明らかなとき ●感情的高ぶりが あるとき

> **いいリーダーは、皆の力を引き出す ファシリテート力がある。 一人一人が「参画した」と思える場をつくろう。**

る。場の「気」や「波動」が一定に整うのだ。
「はい、今のご意見。ほかの皆さんの納得度を聞いてみましょう。とてもよくわかった人は？（と言って、手をあげる）」というように、常に参加者に考えていてもらう緊張感。ただ座っている、ただ聴いている、のではなく、**容易に主体的に参画してもらうための**ファシリテートが大切。

　ＨＲインスティテュートのトレーニングは、たとえ講義の部分でも、双方向だ。途中で質問を投げかけ、「ペアまたはトリオで、考えてください」とする。立ってもらって、答え（仮説）が出たら座ってもらう、などスピードアップも考えて、運営している。

　チェックテストのようなものを、5問10問でおりこみ、個人で考えてから、グループで力を合わせて、回答をつくってもらったりする。研修と同じで、何かを提案するプレゼンテーションでも、ちょっとしたファシリテーション（＝場の議論や理解を促進する）が入るか入らないか、で聴き手の主体性・能動的な姿勢に大きく差が出る。

　パワーポイントの表示効果は、ファシリテーションする際にとても便利だ。次をぜひ考えてもらいたい、というときには、表示する前に質問して、考えてもらう。皆さんの意見を聞いてから、「実は……」と示したほうが、興味を持つ。

ただ聴いているのと、自分で仮説を持って考えたあとで、情報をインプットされるのと、どちらが知的に楽しいか。推論でいいから自分で考えて、何が合っていて何が間違っていたのかを検証するほうが、そのあと自分の記憶に残りやすい。

　一方的に聴いていて堪えられるのは、よほど話し手の話がうまい場合だ。噺家さんのように自信があるのであればそれもいいが、普通は聴き手をもっと巻き込むことを考えたほうが、うまくいく。

② Q&A対応でさらに信頼を深めよう

　見事なプレゼンテーションが終了し、質疑応答の時間。または、プレゼンの途中で質問される場合もある。このとき、**質問を恐れてはいけない**。質問がない、ということは、欧米のスピーカーなら屈辱と感じる。つまり、誰も自分の話に興味を持ってくれなかった、ということだからだ。

　日本人には、質問するということは相手に失礼だ、と思っている人もまだいる。「あなたの話は、わからなかった」と、指摘しているような気になるのだろう。そして、なんとなく敵対ムードになってしまうこともある。そんな経験は、ないだろうか。

　または、自分一人がわからなかっただけで、他のみ

んなはわかっているのでは？と思い、恥ずかしくて聞けない。こんな人もいるようだ。しかし、臆せず質問しよう。ほかにも、何人かは、わかったふりをしているはずだ。

Ｑ＆Ａの時間はとても大切。ここで、お互いの理解が深まり、一体感が出る。提案の場合は、特にそうだ。提案書の最後には、ディスカッション・ポイントをまとめて、懸念されることをしっかり押さえておくこと。ディスカッション・ポイントは、質問になるであろうことを、あらかじめこちらで提示して、スムーズに話し合いに入るためだ。

ともかく、**質問は「ありがたい！」**と、まず感謝。自分の話の中身に興味を持ってくれた方が、勇気を出して、質問してくださっているのだ。質問の意図がわからなかったら、**きちんと質問を確認すること**。ここで一番いけないのが、生半可な答えだ。

ウソを言ってはいけないし、かといってまったく知らないわけでもない。こういうときが、一番難しい。中途半端な聞きかじりでは、どこかで「総すかん」になる可能性はある。

Ｑ＆Ａ対応で、誠実さが試される。信頼できるかどうかが試される。背伸びしないで、相手へ伝えたいメッセージは、決してぶれさせないように。いろいろな質問をされていると、ついつい答えるときの視点が下

がりがちだ。そんなときでも、常に「目的」を見失わないように。

　相手の質問を、しっかり自分のものにしてから、答えること。

　よく見受けられるのが、質問と答えがかみ合っていないやりとり。どちらもお互いに納得しているとは思えないのに、なんとなく終わってしまう。恐れずに、「その質問を、私の解釈で確認したいのですが……」ということで、反対に質問をしよう。

　中途半端な理解で、対話しないこと。相手の言いたいこと、聞きたいことを受け止めて、きちんとわかった上で、答えること。こうした相手への姿勢も、問われているのだ。緊張感と、「わからないことを質問されたらどうしよう」という弱気があると、ついつい受け身的な姿勢で答えようとする。

　そうではなく、共同ワークだと思おう。せっかく問題意識を持って質問してくださった方と、自分との**共同ワークで、ここにいる皆さんの理解を深める**。いつも、二人だけではなく、周りの全員、場全体を意識していること。

　Q&Aの時間で、場全体の理解とやる気が深まるように。全員が、能動的な姿勢でテーマと向き合うチャンスが、ここにある。

　次のようなよくある、困ったシーンのとき、自分な

らどうするのか。聴き手の目線で、どういう対応なら心地よいか、を考えてみる。日頃から、こうしたイメージトレーニングをしていると、その場であたふたしないで済む。

---

1) 質問の意味が理解できない！
　→どうする？
2) 完全に答えを知らない（わからない）！
　→どうする？
3) 反対意見の表明で議論を仕掛けている！
　→どうする？
4) 質問がかなり特殊（個別、特例など）である！
　→どうする？
5) まったく質問がこない！
　→どうする？

うまい切り返しやジョークで笑いをとって、場をなごませるのが得意な人もいるだろう。しかし、そういうキャラではない方は、やめたほうがいい。相手がまじめな方の場合、「ふざけるな」と、ますますよくないムードになる可能性があるからだ。

基本は、**誠実**に、**聴き手の立場**で、**心地よい表現**を心がけること。1：1にならないよう、常に周りの聴き手のことも意識していること。常に、その場全体

が、その場の目的に対して、最も価値ある状態になるようにファシリテーションすることだ。

③ 場が沈滞したときのために

会場が、動物の野放し状態になるのを避けるためには、厳しさで引き締めよう。しかし、それがゆきすぎると、今度は「シーーーーン」となる。

何を言っても、響かない。しらけていて、「早く終わってくれ」ムード。または、同じようなことが繰り返されて、「もういいよ」な雰囲気。相手の表情や態度から、なんとなく、わかるものである。このあたりの場の空気を読めないと、たいへん危険だ。

場の空気を変えたり、または知ろうとするときに有効なのが、**こちらから何かのアクションを仕掛ける**ことだ。その協力度で、誰がサポーターかムードメーカーか、がつかめる。

私たちが、研修などでよくやるのは、
＊必ず全員に、手をあげてもらうような選択式質問をする。
＊質問で誰かをあてる前に、隣同士や三〜四人で意見交換してもらう。
＊クイズやチェックテストを効果的に使う。

　１）これから学ぶことに興味を持って、仮説を持

ってもらうため。
 2）今、学んできたことを理解できているかどう
　　か確認するため。
 3）最後に、絶対に覚えてもらいたいことを記憶
　　にとどめてもらうため。
＊クイズやテストの答え合わせは、隣同士交換した
 り、三〜四人でグループをつくり、グループで1
 つの合議回答を作成してもらう。
＊グループで議論やチェックをしてもらうときは、
 「わかった（できた）チームから座ってください」
 と言って、一度全員立ち上がってもらうと、ゲー
 ム感覚で楽しく競い合って時間も効率的に使え
 る。
＊遊び心（ゲームや手品）をとり入れる。
 1）商品に関する質問おみくじ（すごろく）をつく
　　り、引いた人が回答する。
 2）キラートーク、琴線に触れる質問を、グルー
　　プで出してもらい、互いに数や質でランキン
　　グを決める。
 3）人気テレビ番組を真似る（小道具があったほう
　　が効果的）。
＊ロールプレイングを実際にやってもらう。
 1）二人ペアで行う。または三人で、一人がオブ
　　ザーバーでアドバイス役。

　　　　お互いへのコメントシートやアドバイスシー
　　　　トを用意する。
　　２）ビデオ撮影してお互いにアドバイスする。
＊ストレッチや呼吸法やヨガのポーズを教えて、体
　を動かしてもらう。
＊キャンディやチョコレートをあげてねぎらう（い
　い答えの方に投げる）。
＊軟らかいボールを投げて、次の方を指名してもら
　う（キャッチボール）。
＊あえて、小さい声にして語りかけてみる。
＊目いっぱい、大きい声でキーワードを強調しまく
　る。
＊ホワイトボードに何か書いてもらう。
＊互いに指名してもらって、順番に読んでもらう。
＊熱心に聴いている方に質問して、場を一緒につく
　ってもらう。
などなど。

　皆さんも、自分の得意技をいくつか持っていると、安心だ。ぜひ、トライして、やりやすいものを自分のレパートリーに入れよう。トレーニングの本には、アイスブレークのための小話やゲームが、よく紹介されている。
　一番オーソドックスなのは、自分の名前を使って、

興味を引くパターン。ただし、オチがおもしろくないと、あまりに常套手段なので、かえって「つまらない人」ということになってしまう。気をつけよう。

　聴き手の皆さんが興味を持つテーマで、まず質問を投げかけてみる。その様子を見ながら、次の場づくりを考えていく、というのも王道のプロセスだ。ともかく、**早めに双方向に巻き込んで、一緒に場づくりをして**もらうことが、大切。

　そこにいる方々の存在を、最大限活かすことに意識を向けよう。

第5章 習慣化トレーニング
～次の会議から楽しんでスタート！

1 1分間「言葉のヒゲ退治」トレーニング

　さてさて！

　第5章は、楽しくためになる実践トレーニング。誌上トレーニングなので、伝わりそこないもあるかもしれないけれど、そこは自分の想像力で補って、トライ。または、HRインスティテュートのトレーニングにぜひご参加を！

　まず、マイナス要素をとり去る。見ちゃいられない、という状態から、脱する。

　これを、短時間で可能にするのが……名物「言葉のヒゲ退治」トレーニング。

　このトレーニングを考えついたとき、「できるのかな？」と心配で、自分を実験台にしてみた。鏡に向かって、または歩きながら、「独りヒゲ退治」。自分で、何か目についたものを、いきなり「お題」として自分に投げる。「電信柱！」。そしてともかく、そのお題について話す。ヒゲに気をつけて、話す。

「電信柱は、日本の景観を壊している！と、私は思います。その理由は……」

　ともかく、主旨を決めてしまうのだ。これができないと、「えー」「あのー」が出る。

「独りヒゲ退治」をすると、気がつく、気がつく。どうしたら、ヒゲが出ないようになるのか。そのコツが、みるみるわかってきた。こうなると、やたらおもしろい。実は、すごく、深い。お題を自分のものとして、とり込まないとダメだ、とか。つまり、自分の経験や、自分の意見を言わないとダメ。

　たいがい、対象を客観的に語ろうとしていると、「それで、あのー……」撃沈。話すことは自然にわき出てくるように、自分をコントロールしないといけないのだ。

　姿勢もよくなる。一文も短くなる。アイコンタクトも定まる。体も揺れない。言いたいことがまとまる。構成がしっかりする……いいことずくめじゃないか！

　そして、結局は「呼吸」じゃないか！

　こうして、HRインスティテュート名物「言葉のヒゲ退治」トレーニングが生まれた。それは、21世紀を目の前にした、ネオン輝く六本木の路上であった。

　図5－1に、「ヒゲ退治」トレーニングの簡単な流れを示した。これなら、会議の頭に、みんなでペアになってやれるはずだ。2回、3回、30秒で繰り返してもいい。お題は、何でもOK。会議の議題そのものについて、でもOK。笑いを誘うようなお題から、経営課題といったマジメなお題まで、自由自在だ。このお題の選び方で、会議のトーンも決めることができる。

5-1 「言葉のヒゲ退治」トレーニング（1）

会議の冒頭で定例化する、朝礼でやる、など職場全体のプレゼン力強化に活用しよう

1 まずは30秒。ペアで左右、または1人を指名して全員の前、または4人一組など緊張度のレベルを変えられる。

2 ペア、司会者など誰かが「お題」を出す仕事に関わること、その他なんでもOK。（「私の初恋」はかなりおもしろい）

3 タイマーで30秒。30秒間でペアの相手（またはまわりの人）が、「ヒゲ」の数をカウント。（あー、え〜と、……）

4 30秒たった段階で、ヒゲの数を確認。話は途中で終わったり、内容がなくてもまずはOK。

5 ヒゲが出た人は、なぜ出たのかをレビュー。自分とペア（まわりの人）で原因を考える。

6 交代して同じことを繰り返す。「お題」はそのつど新しいトピックで。

⇒ **繰り返すうちに、呼吸が整い、ヒゲがなくなっていく！**

5-2 「言葉のヒゲ退治」トレーニング(2)

> だんだんとレベルアップしていこう

① 30秒ができるようになったら、次は1分。

② 話し手、聴き手、お題を変えて1分。これを繰り返す。

③ 1分もクリアできるようになったら、アイコンタクトにチャレンジ。一文章1人の目を見つめることをチェックする。もちろんヒゲもなしで。

④ お互いに体の動きのクセや、目の動き、文章のクセ、長さ、などをアドバイスする。

⑤ 「ヒゲ退治＋アイコンタクト」で1分ができるようになったら、中身の構成のレベルアップにチャレンジ。話がまとまりのある内容に構成されているか、内容のある話の構成にするにはどうすればよいのかなどをお互いにアドバイスする。話のオチがあるよう時間を意識する。（45秒で知らせてもいい）

⑥ これもクリアするようになったら、聴き手に伝わる、感動する内容にするために、言葉の選び方、話し方などをお互いにアドバイスする。

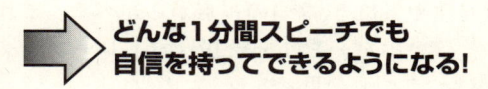

➡ **どんな1分間スピーチでも自信を持ってできるようになる！**

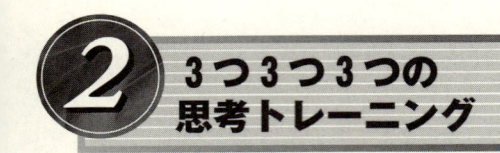

2　3つ3つ3つの思考トレーニング

　ビジネスでは、箇条書きにするとき、基本は「3・5・7」でまとめる。ビジネス・ライティングのルールだ。スピーチでは、「Power of 3」を上手に使う。力強い言葉やフレーズを、3回繰り返す。3回韻(いん)を踏む。こうすると、リズムが生まれる。

　和歌や俳句も、五・七・五・七・七。「3・5・7」は、リズムをつくる。

　ホップ・ステップ・ジャンプ！　グー・チョキ・パー！　真善美！　金銀銅！　早い安いうまい！

　3つの概念は、頭に入ってきやすい。ぜひ、何事も3つにしてみよう。

　2つは、つまらない。ある言葉に、「非」または「無」をつければできてしまう。動きが感じられない。その点、3つに分けると、何か動きを感じる。深みが出る。

　まずはじめに、主旨（答え・結論）を言って、その理由や方向性や根拠を、3つの視点から述べる。これが、プロっぽいのだ。これを繰り返すトレーニングが、「3つ3つ3つ」の思考トレーニング。

「今、住んでいる吉祥寺という街が、大好きです。そ

の理由は、3つあります」

　ともかく、主旨を言ってしまい、そのあと「3つあります」を言ってしまう。そのように、まず自分自身を追い込んだあとで、3つを考えながら組み立てる。

　3つなんて思いついていなくても、1つ目を言いながら2つ目を考え、2つ目を言いながら3つ目を考える。このとき、内心の余裕のなさは、まったく見せない。もちろん、ヒゲが出ないように、落ち着いて乗り越えるのだ。ヒゲ退治＋3つ。トレーニングを段階的に進化させていくのだ。

　この3つを使うことで、聴きやすくなる。シナリオ化できる。ストラクチャー（構成）が明快だ。本人も、慣れてくれば、こちらのほうが楽だ。最初に、結論を言う。たとえ本心と違っても、ともかく言いきってしまうのだ。

　そして、根拠を伝えるフレームを、あらかじめ3つ考えてしまう。「衣食住」で語ろう、「ヒト・モノ・カネ」で語ろうなど。こうしておけば、組み立てやすい。落ち着いて、話ができる。

　しかし、トレーニングを重ねると、「いつも、おんなじフレームばっかり」という、底の浅さが露呈する。違う3つの組み合わせにチャレンジする。こうして、語彙や3つのフレームを、自分の中で増やしていく。

会議の中の発言で、3つのストラクチャーを、常に意識するように。トレーニングと思って、ともかく「3つあります」で、やりきってみよう！　ある程度、強制的に考える習慣をつけるには、会議がもってこいだ。

③ 語り合い(愛)道場
～ウェイ！スピーチ

　会社の理念やバリュー（価値観）、そして行動基準などは、組織にとって、とても大切なものなのだが、日頃はまったく意識していない。これが、実情ではないか。

　しかし、何かの縁があって、今その組織で仕事をしているのだ。いま一度、自分の組織の存在意義や大切にしている価値観を、振り返ってみてほしい。けっこう、いいことを言っているはずだ。

　もしも、その理念や価値観が、おざなりにされていたり、額縁メッセージになってしまっているとしたら、それは誰の責任だ？　社長？　役員？　古株の社員？　ミドル？

　彼らだけではない。それは、社員一人一人の責任。つまり、あなたにも責任はある。

　自分のいる組織のことを、もっと知るべきだ。なぜ、そんな社訓があるのか。なぜ、その行動規範が大切なのか。この価値観は、いつ誰が決めたのか。守るべき大切なものは、何なのか。何のために、この組織は存在しているのか。創業者は、どんな思いだったのか。

組織の持つ、善玉遺伝子と悪玉遺伝子。自分たちが、毎日の業務を通して、コミュニケーションを通して、大切にすべき善玉遺伝子は何なのか。その善玉遺伝子を、自分は大切にして行動しているだろうか。

　もしも、後輩から「先輩、おれ、この会社に幻滅しました！　もうやめます！」と言われたとき、何か言ってあげてほしい。何か、いいところを思い出させてあげてほしい。せっかく縁あって、集まった仲間だ。

　先輩として、リーダーとして、組織のいいところを自分の言葉で語ってもらいたい。いいところは、必ずある。悪いところばかり、目についているだけだ。いいところに目を向けて、自分の体験を、自分の思いを伝えるような、そんな素直な場所があってもいい。

　それが、語り合い（愛）道場だ。

　研修として、２日間徹底的に、組織の持つ信条やバリュー（価値観）を議論し合う会社もある。会社全体ではピンとこないだろうから、自分たちのチーム単位で、信条や価値観を見つめてみる。あの意思決定は、実は会社のこういう価値観からきている、そんな新しい気づきがあるかもしれない。

　反対に、まったく日常の言動が、正反対のことばかりだ、ということに気づくかもしれない。それで、いいのか？　それでは、つらいし苦しいだろう。

5-3 ウェイ!スピーチをやってみよう

My SSSS（社名）遺伝子・スピーチ　　氏名:

私は、XXXXX（所属）のXXX（名前）です。
私が好きなSSSSの企業遺伝子は、「XXXXXXX」です。

どういう意味かというと、XXXXXXXXXXXXXXXXXXXXXXXXXXXXXXXXXXXXXXXXXです。

私がSSSSで経験した「XXXXXXX」というのは、XXXXXXXXXXXXXXXXXXXXXXXXXXXXXXXXX（内容は自由。相手に伝わるように思いをこめて）XXXXXXXXXXXXXXXXXXXXXXXXXXXXXXXXXXXXX。

私がこれから「XXXXXXX」という考えを、自分の職場で生かしていくとしたら、XXXXXXXXXXXXXXXXXXXXXXXXXXXXXXXXXXXXXXXXXXXXXXXXXXXXXXXXXXXXX（内容は自由。相手に伝わるように思いをこめて）XXXXXXXXXXXXXXXXXXXXXXXXXXXXXXX。

つまり、「XXXXXXX」とはXXXXXXXXXXXXXXXXXXXXXXXXXXXです。

My 基本行動・スピーチ　　氏名:

私は、XXXXX（所属）のXXX（名前）です。
SSSSのX つの理念（行動基準）の中で、私は「XXXXXXX」が大好きです（大切にしています）。

なぜかというと、XXXXXXXXXXXXXXXXXXXXXXXXXXXXXXXXXXXXXXXXXXXXXだからです。

私にとって、「XXXXXXXXXXXXXXX」ということは、XXXXXXXXXXXXXXXXXXXXXXXXXXXXXXXXXXXXXXXXXXXXXXXXXXXXXXXXXXXXXXXXXXXXXXXXXXXXXXXXX（内容は自由。相手に伝わるように思いをこめて）XXXXXXXXXXXXXXXXXXXXXXXXXXXXXXXXXXXXXXXXXXXXXXXXXXXXXXXXXXXXXXXXXXXXXXXXXXXXXXXXXXXXXXXXXXXXXXXXXXXXXXXXXX。

今後、私はXXXXXXXXXXXXXXXXXXXXXXX。
ありがとうございました。

第5章◎習慣化トレーニング

図5-3にあるように、恥ずかしがらずに、自分たちの組織が大切にしていることを、自分の言葉で語ってみるといい。これまで長く一緒に仕事をしてきても、意外と、お互いに初めて言葉にするようなスピーチが、出てくる。新鮮だ。

　抽象的な理念や価値観を、日常の行動（ウェイ）に落とすと、本来はどうあるべきなのか。今、それは日常に落ちているのか。忘れていないか。ごまかしていないか。議論にすると、収拾がつかないことでも、まずは一人一人、自分で言葉にしてみる。それを、ただ共有してみる。非難も評価もしない。

　こうした語り合いが、仲間のことを、より深く知る一歩だ。

　ぜひ、次回の飲み会（？）でやってみよう。

4 ベストプラクティス・スピーチ

　HRインスティテュートでは、月2回ある全社会議の冒頭で、2名にスピーチをしてもらう。「企業らしさ(ウェイ!)」が浸透している会社(組織)を選んで、どのようにすごいのか、を伝えるスピーチだ。ウェイの浸透している、ベストプラクティスのスピーチといえる。

　2分間。ヒゲチェック。3つの根拠の提示。その企業の独自性が伝わったか。

　これまでのトレーニングを、すべて織り込んで、スピーチする。終わったら、質疑応答。ここでは、質問する側の質も問われる。よかった点、改善すべき点、コメントも伝える。

　小さな積み重ねだが、毎回2社、月に4社。新しい組織ウェイ!の参考情報が、うまくまとめて聴けるのであれば、ありがたい話だ。

　こうしたちょっとした積み重ねで、話し手だけではなく、チーム全体のプレゼンテーション力や質問力、そして情報ノウハウが共有できる。皆さんも、無理しないで、1回2名と決めて地道に続けてみるといい。そうすれば、自然と習慣になっていく。

第5章◎習慣化トレーニング

5-4 ベストプラクティス・スピーチ(パワーポイントつき)のケース①

1 企業名:キュービーネット株式会社

2 キュービーネットの企業概要(ファクト)

【ブランド名】	QBハウス
【事業ドメイン】	10分ヘアカット専門店
【事業内容】	QBハウス経営、FC事業
【設立】 1995年	【創業】 1996年
【売上】	54億9,337万円(2007年6月期)
【経常利益】	5億1,424万円(〃)
【従業員】	53人(2007年6月末現在)
【店舗数】	国内 357店舗 海外 23店舗(2007年6月期)
【社長】	岩井一隆

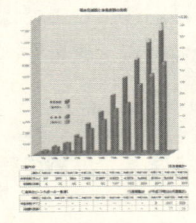

【トピック・今後のビジョン】
2006年6月よりオリックス傘下に。
国内1000店舗を構想。
日本発ヘアカット専門店モデルのディファクトスタンダード化(世界展開)も狙う。

5-4 ベストプラクティス・スピーチ（パワーポイントつき）のケース-②

3 キュービーネット　3つの戦略的特徴

キュービーネットの戦略的特徴1

10分1000円のための超効率経営
- レジなし＝自動券売機
- 電話なし＝予約なし
- シャンプーなし＝髪の毛を吸い取る

キュービーネットの戦略的特徴2

好立地での店舗展開（生産性重視）
駅構内・駅ビル内・ショッピングセンター内・ビジネスホテル・空港・サービスエリア

キュービーネットの戦略的特徴3

**待たせない・短期間・金銭省力化
これらを支えるITインフラ**
券売機にセンサー設置＆ネットワーク化

5-4 ベストプラクティス・スピーチ（パワーポイントつき）のケース-③

4 キュービーネット　戦略的エッセンス（本質）

スーパー効率 クイックヘアカット！

10分の身だしなみ　QB HOUSE JUST CUT

第5章◎習慣化トレーニング　223

ベストプラクティス・スピーチは、別バージョンもある。
　もう1つのやり方は、ただ話すのではなく、パワーポイントのスライドをつくってのプレゼンテーションだ。こちらは、3分。たった3枚。ここにも、3つ3つ3つのストラクチャーが入っている。
　このごろ、強い企業・伸びている企業などから、興味のある会社（組織）を選び、その企業がなにゆえ、今強いのか！、何が競合他社と違うのか！を、紹介するものだ。
　5枚を、5分かけて、紹介する場合もある。
　インハウス（社内）の研修の場合、事前に3枚または5枚のものをつくってもらって、そのスライドを使ってプレゼンテーションする演習も入れることが多い。
　スライドでのプレゼンテーションの場合は、会議ごとに1名でもいい。毎回1社分が、ベストプラクティスとして、蓄積されていけば、このデータベースは、提案書をつくる際に役に立ったりする。
　いつも記録に残し、毎回蓄積されていく仕組みをつくると、やっていることに意義が加わる。みんなの資産となっていく。こういうチーム意識の醸成も重要だ。

5 パワー・スピーチ
～名スピーチや詩の朗読

「ヒゲ退治」と「3つ3つ3つ」で、マイナス要素をとり去る。余計な言葉やムダな動き、わかりにくい構成からは、おさらばしているはず。

そしたら、「ウェイ！」で自分の言葉で表現する。「ベストプラクティス」で、スライド活用をとり入れる。だんだん、プレゼンテーションが進化してきている。

このパワー・スピーチは、プラス面を強化するトレーニングだ。マイナス面はなくなり、わかりやすくなったし、悪くはない。でもね……という可もなく不可もないプレゼンテーションからの脱却をはかる。今度は、「記憶＆印象に残る」プレゼンテーションだ。

メリハリ、溜め、間、トーン、スピード、意外性、特徴ある語彙、ジェスチャーなどを駆使して、今度は、プレゼンテーションを、より価値あるものにするためのトレーニングをしよう。

基本は「伝えたい！」という思い。「伝えるテーマ」への情熱。

どんなに、プレゼンテーションが下手な人でも、自分が大好きなものや人を語るときには、本当に「伝わ

る話」「惹きこむ話」をすることができる。

　要は、その「対象」にほれ込んでいるか、ということなのだ。

　営業の方で「こんな商品じゃ……」と言う人がいる。これでは、絶対に伝わらない。というか、この営業の話を聞かされるほうが、いい迷惑だ。話す本人が、その価値を信じていない商品の、説明を聞かされるなんて。時間のムダ。人さまの時間を奪っているなら、少なくとも、その商品のいいところをしっかりと見つけて、その価値あるところにフォーカスし、価値を信じて伝えること。これはスキル以前。最低限のマナーだ。

　ドラッカー名言集とか、松下幸之助氏の『道』など、コンパクトにまとまった、力強いメッセージを、自分で繰り返し、声を出して読んでみることをおすすめする。

　言葉には、力があることがわかる。言霊の意味がわかる。それくらいになるよう、じっくりと言葉の意味をかみしめながら、自分の言葉として、声に出して伝えてみる。

　自分で自分に対して、伝えてみる。伝わっただろうか。自分自身に、自分の言葉が伝わるまで、続けてみる。

　好きな曲の歌詞でもいい。第2章で紹介した「ＴＡ

Ｏ（老子）」も、おすすめだ。好きな作家の本でもいい。マザー・テレサ氏の言葉も、深い。ケネディ大統領のスピーチでもいい。

　スティーブ・ジョブズ氏の、スタンフォード大学での名スピーチも、ネットでＧＥＴできる。映像も、力がある。しかし、言葉だけでも十分に力がある。

　自分で声に出して伝えようとしている言葉が、自分の中に沁みいらないうちは、人の心にも、真の意味では沁みいっていない、と思おう。まずは、自分だ。必ず、声に出して、思いを込めて、読み上げてみよう。自分の声の力を、信じてほしい。

5-5 心を込めて、ハッキリと読み上げる！

他人に変わって欲しければ
自ら率先して
変化の原動力となるべきだ。

マハトマ・ガンジー

【『人生を豊かにする英語の名言』（森山進著、研究社）　P114より】

自己犠牲とは、
すべてのリーダーが
よろこんで支払わなければならない
代償なのです。

稲盛和夫

【『成功への情熱』（稲盛和夫著、PHP研究所）　P227より】

> 今日の失敗は
> 工夫を続けてさえいれば、
> 必ず明日の成功に結びつく。
>
> 豊田喜一郎
>
> http://www.meigenshu.net/2008/03/post_699.html

> 優先順位の分析については、
> 多くのことが言える。
> しかし、
> 優先順位の決定について
> 最も重要なことは、
> 分析ではなく勇気である。
> P.F.ドラッカー
>
> 【『仕事の哲学(ドラッカー名言集)』
> (P.F.ドラッカー著、上田惇生編・訳、ダイヤモンド社)　P173より】

6 ボイス&フェイス&マウス・トレーニング

＊魅力的な声をつくる〜5分間ボイス・トレーニング

緊張すると体だけでなく、のどに力が入り、声が硬くなって響かない。よく響くよい声を出すには、まず緊張をほぐすことが必要だ。

ボイス・トレーニングをはじめる際は、前述のリラックス法や軽い体操、腹式呼吸法などでウォーミングアップするといい。というのも、声帯の反応性は、神経や筋肉の働きと深く関係しているからだ。

〈スタッカートの発声練習〉
①肩や胸の力を抜いて立つ
②まっすぐ前を向いて首は動かさない
③男性はドの音から、女性は1オクターブ上のドの音からはじめる
④「ド・レ・ド・レ・ド」の音を「ホッ・ホッ・ホッ・ホッ・ホー」と発声する
（音をつなげずスタッカートをきかせる）
⑤使っただけの分量の息を戻す（二拍子の呼吸法）
⑥半音上げて「ホッ・ホッ・ホッ・ホッ・ホー」

(♯ド・♯レ・♯ド・♯レ・♯ドの音)
　⑦使っただけの分量の息を戻す
　⑧さらに半音上げて「ホッ・ホッ・ホッ・ホッ・ホー」(レ・ミ・レ・ミ・レの音)
　⑨使っただけの分量の息を戻す
　⑩同じ要領で半音ずつ上げていき、苦しくなったらやめる
　⑪やめた音からまたはじめる(音を下げていく)
　⑫苦しくなったらやめる
　ここまでが、1クール。1日1〜2回練習する。この練習を続けると、声帯の反応性がよくなり、楽にきれいな声が出るようになる。これがうまくできるようになったら、同じ方法でもう少し高度な練習に挑戦してみよう。
　名づけて〈ヨーデルの発声練習〉。やり方は簡単だ。「ホッ・ホッ・ホッ・ホッ・ホッ」とスタッカートをきかせていたのを、「ホホホホホ」(同じ音)と切れ目なく続けるだけだ。半音ずつ全体を上げていくのは同じだが、ヨーデルのほうはだんだんスピードアップしていく。うまくなると、ほんとのヨーデルになる。声がよ〜出る。

＊顔と声の親密な関係〜フェイス・トレーニング
　声には、声帯だけでなく骨格や体型が関係してい

第5章◎習慣化トレーニング　231

5-6 フェイス・トレーニング

あごと舌の運動

①ライオンがあくびをするように
　思い切り大きく口をあける
②口をあけたまま舌を思い切り長く出す
③舌を戻して口を閉じる
④また大きく口をあける
⑤口をあけたまま下あごを左右に数回動かす
⑥口を閉じる

唇の運動

①唇を口の中に入れて歯で挟む
②そのまま下あごを左右に動かす
③もとに戻す
④唇に力を入れて尖らせる
⑤もとに戻す

目の運動

① 目（の周りの筋肉）に力を入れる
② 力を抜く
③ 左斜め上を見る
④ 左斜め下を見る
⑤ 真上を見る
⑥ 右斜め下を見る
⑦ 右斜め上を見る

＊③～⑦は「W」の眼球運動。「W」を「M」にしてもよい

頬と鼻の運動

① 口を閉じたまま口の両端を思い切り上げる
② もとに戻す
③ 口の中に空気を入れて右の頬をふくらませる
④ その空気を左の頬に移す
⑤ その空気をうがいするように口の中で動かす
⑥ そのまま鼻の穴を大きくひらく
⑦ もとに戻す

第5章◎習慣化トレーニング

る。音を響かせる楽器としての体を考えると、さまざまな筋肉が使われていることがわかる。さらに発音を考えると、腹筋やお尻の筋肉だけでなく、舌やあご、顔の筋肉も重要になってくる。発声練習のときは、鏡が前にあるといい（できれば全身鏡）。

声とは無関係に見える目でさえ、「声の通り」に関係しているというのだから驚く。ある声楽家は、絵を壁にかけ、その中の一点を見つめて発声練習を行っているという。同じように発声しているようでも、明確に目的の人を決めて発声するのと、漠然と発声するのとでは、声の通りが違うのだそうだ。

大事なプレゼンテーションがある日の朝は、出かける前にフェイス・トレーニングをやってみよう。

舌がなめらかに動くだけでなく、表情が豊かになり、表現力も高まるに違いない。図5－6の運動は、それぞれ1クールの手順になっているので、その日の状態に応じて、自分で必要な回数を決めて行う。目に力がなければ目の運動を、舌が回らなければ舌の運動を増やす。

＊アエイオウで美しい発音をつくる～マウス・トレーニング

とり込んだ息を加工して外に出すのが発音だ。せっかく腹式呼吸を学んでも、発音と組み合わせられなけ

れば、美しい話し方にはならない。

　特に日本語の場合、強調したい単語を印象的に強める習慣がないので、単調になりやすい。有名なケネディ大統領の就任演説に「ask not what your country can do for you――ask what you can do for your country.」というのがあるが、「ask not」「country」「do」「you」「ask」「you」が非常に強く発音されていて、力強さや情熱、エネルギーが伝わってくる。これを日本語にして読むと「あなたの国があなたに何をしてくれるかではなく、あなたがあなたの国に何ができるかを問うてください」と、のっぺりしてしまう。

　英語のように単語を強く強調する必要はないが、話し方にリズムを持たせることは大事だ。同じ調子で淡々と話されると眠くなる。逆に、さらっと語る部分と、ゆっくり明確な発音で話す部分のメリハリをつけるだけで、プレゼンテーションの説得力は格段に増す。

　さらっと語るにしても、ゆっくり語るにしても、重要なのが発音だ。発音が不明瞭だと聴く側は次第に興味を失っていく。基本的な発音がしっかりできていると、少し早口になっても、小声になっても相手に伝わるものだ。

　ここでは、アナウンサーや声楽家、舞台俳優など声を使う仕事をしている人たちが必ずやっている発音練

習をとり入れてみよう。

〈発音練習〉
　①準備として、みぞおちと背中をリラックスさせる
　②両脚を肩幅に開いて立つ
　③「ア・エ・イ・ウ・エ・オ・ア・オ」と1音ずつ切りながら声を出す（音を出したとき腹がへこみ、出した分だけ息を瞬時に戻す）
　④「カ・ケ・キ・ク・ケ・コ・カ・コ」と1音ずつ切りながら声を出す
　⑤以下、サ行、タ行、ナ行……と続ける
　⑥鼻濁音（ガ行、ザ行、ダ行、バ行）で練習する
　⑦破裂音（パ・ペ・ピ・プ・ペ・ポ・パ・ポ）で練習する
　⑧摩擦音（シャ・シェ・シ・シュ・シェ・ショ・シャ・ショ）で練習する
　※注意点は、腹から声を出すこと、音を上あごにぶつけるように発音すること。

　破裂音、鼻濁音、摩擦音などがきれいに出せるように練習しよう。単音の練習が済んだら、発音に注意しながら、文章を読む練習をするといい。練習用の文章をいくつか紹介しておこう。

〈発音練習文〉
「石島石七郎の言い分にいつわりがある」
「神田鍛冶町、町の乾物屋の勘兵衛さんの勝栗買ったらかたくてかめない。返しに行ったら勘兵衛さんのカカーが出てきてカンシャク起こしてカリカリかんだらカリカリかめた」
「ローマの牢屋の広い廊下を66の老人がロウソクもってオロオロ歩く」

　練習文がうまくいったら、次は、歌舞伎のせりふや落語の一節から気に入った部分をとり出してやってみるといい練習になる。

　発音を明瞭にするだけでなく、どこでどう情感を込めるか、どう間合いをとるかも一緒に練習する。手本となるＣＤやテープを聴くとさらに参考になる。名人といわれる人の語り口や間合いのとり方は、プレゼンテーションの呼吸のいいお手本だ。

編者紹介
野口吉昭（のぐち　よしあき）
横浜国立大学工学部大学院工学研究科修了。現在、株式会社ＨＲインスティテュート代表。中京大学総合政策学部・経済学部講師。ＮＰＯ法人師範塾副理事長。
主な著書に、『遺伝子経営』（日本経済新聞社）、『考える組織』（ダイヤモンド社）、『コンサルタントの「質問力」』（ＰＨＰビジネス新書）、『「夢とビジョン」を語る技術』（かんき出版）など多数。

著者紹介
ＨＲインスティテュート
理論偏重ではない「使えるコンサルティング」「実効性のある研修」を柱としたコンサルティング・グループ。1993年設立。
具体的かつ即効性のあるコンサルティング、ワークアウト、研修（ノウドゥ）などのプログラムを展開している。コンサルタントの「ノウハウ・ドゥハウ」を十分に反映させた「戦略シナリオ構築」「ビジネスモデル＆ビジネスプラン策定」「ロジカルシンキングのノウハウ・ドゥハウ向上」「プレゼンテーション・スキル向上」といったプログラムは、多くの企業で採用され実績をあげている。

●執筆担当：
　リーダー　　稲増美佳子
　メンバー　　内田友美・染谷文香

この作品は、2000年8月にＰＨＰ研究所より刊行されたものに加筆・修正をしたものである。

PHP文庫　プレゼンテーションのノウハウ・ドゥハウ

2008年7月17日　第1版第1刷
2020年12月22日　第1版第11刷

著　者	HRインスティテュート
編　者	野　口　吉　昭
発行者	後　藤　淳　一
発行所	株式会社PHP研究所

東京本部　〒135-8137 江東区豊洲5-6-52
　　　　　PHP文庫出版部 ☎03-3520-9617（編集）
　　　　　普及部　　　 ☎03-3520-9630（販売）
京都本部　〒601-8411 京都市南区西九条北ノ内町11

PHP INTERFACE　　https://www.php.co.jp/

制作協力	株式会社PHPエディターズ・グループ
組　版	
印刷所	図書印刷株式会社
製本所	

©HR Institute 2008 Printed in Japan　　ISBN978-4-569-67061-4
※本書の無断複製（コピー・スキャン・デジタル化等）は著作権法で認められた場合を除き、禁じられています。また、本書を代行業者等に依頼してスキャンやデジタル化することは、いかなる場合でも認められておりません。
※落丁・乱丁本の場合は弊社制作管理部（☎03-3520-9626）へご連絡下さい。送料弊社負担にてお取り替えいたします。

PHP文庫

ロジカルシンキングのノウハウ・ドゥハウ

HRインスティテュート 著／野口吉昭 編

今やビジネスパーソンにとって、必要不可欠な論理的思考法。その鍛え方から、企画・プレゼンでの活用法まで図解で、わかりやすく解説！